"中国STEM教育2029行动计划"丛书

王 素 主 编 / 李 佳 袁 野 副主编

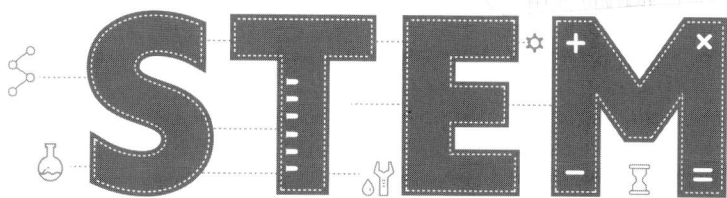

U0652424

STEM
活动与竞赛

刘志刚 / 主 编

教育科学出版社

·北京·

出 版 人 郑豪杰
项目统筹 殷 欢
责任编辑 柯 彤
版式设计 徐丛巍 杨玲玲
责任校对 马明辉
责任印制 叶小峰

图书在版编目（CIP）数据

STEM活动与竞赛 / 刘志刚主编. —北京：教育科学
出版社，2023.1（2023.9重印）
（"中国STEM教育2029行动计划"丛书 / 王素主编）
ISBN 978-7-5191-3294-1

Ⅰ. ①S… Ⅱ. ①刘… Ⅲ. ①创造教育—研究
Ⅳ. ①G40-012

中国版本图书馆CIP数据核字（2022）第219676号

"中国STEM教育2029行动计划"丛书
STEM活动与竞赛
STEM HUODONG YU JINGSAI

出 版 发 行	教育科学出版社				
社 址	北京·朝阳区安慧北里安园甲9号		邮 编	100101	
总编室电话	010-64981290		编辑部电话	010-64981265	
出版部电话	010-64989487		市场部电话	010-64989009	
传 真	010-64891796		网 址	http://www.esph.com.cn	
经 销	各地新华书店				
制 作	北京京久科创文化有限公司				
印 刷	唐山玺诚印务有限公司				
开 本	720毫米×1020毫米 1/16		版 次	2023年1月第1版	
印 张	13.5		印 次	2023年9月第2次印刷	
字 数	178千		定 价	42.00元	

丛书编委会

主　　编：王　素

副主编：李　佳　袁　野

编　　委：（以姓氏拼音排序）

丛书序一

我国改革开放以来的发展经验表明,人才,尤其是科技人才是国家实现从富起来到强起来伟大飞跃的重要资源。党和国家领导人历来对人才工作高度重视,从邓小平同志提出"尊重知识,尊重人才",到习近平总书记提出"人才是第一资源",无不体现了这一点。现今,在我国迈向第二个百年奋斗目标的新征程上,科技人才的重要作用更加凸显。一方面,在后疫情时代全球经济增长放缓、"贸易战"频发、大国力量对比变化等影响下,"技术脱钩""教育脱钩"等正成为阻碍全球发展的重要因素,国际环境日趋复杂;另一方面,新一轮科技革命和产业革命的加速拓展使得全球创新版图正在重构,抢占科技制高点的竞争将更加激烈。

在这样的背景下,科技人才自主培养就成为我国建设现代化强国的重要保障,也赋予教育新的重要时代使命。在过去,我们的教育虽不及发达国家,但可以充分利用"超级全球化"的红利和机会,通过广泛的教育与科研国际合作交流弥补我们在科技人才培育上的不足;但是在当今全球化受阻、"逆全球化"势力抬头的背景下,原来的科技领域国际合作交流路径障碍重重,所以必须对教育发展做出新的调整与规划,"提高人才供给自主可控能力"。正如习近平总书记《在中国科学院第二十次院士大会、中国工程院第十五次院士大会、中国科协第十次全国代表大会上的讲话》中所指出的:"培养创新型人才是国家、民族长远发展的大计。当今世界的竞争说到底是人才竞争、教育竞争。要更加重视人才自主培养,更加重视科学精神、创新能力、批判性思维的培养培育。"①

虽然高等教育直接关系到科技人才,特别是创新科技人才的培养,但是中小学教育阶段所发挥的奠基性作用也不容忽视。国内外研究均表明,许多大科学家对科学的终身兴趣始于童年,所以从小保护好学生的科学兴趣并且让其一直持续下去就非常重要。另外,科学精神、科学思维等是成长为科学家的必备素养,而这些素养需要从小培育。相比于西方发达国家,我们目前的科学教育体系还存在着不少问题,这也是目前我国面临技术"卡脖子"难题的重要根由。在这里,我愿意结合我自己的学习与工作经历,就中小学阶段的科技人才培养谈几个需要关注的问题。

第一,如何进一步提高理科教育在中小学的地位。在过去,我们有"学好数理化,走遍全天下"的口号,影响了一批又一批的高中生在高中文理分科时选择理科,在高考志愿填报时选择理工类专业。近些年来,在取消文理分科后,不少学生在选择高考科目时避难就易,再加上缺少必要的指导,使得物理、化学、生物学等科目的受重视度不够。而从国际发展经验和相关研究来看,科学领域的人才培养需要从青少年时期抓起,这已经成为国际共识。以美国为例,美国在科学和工程教育上处于世界领先地位,而美国2022年发布的《学前至小学阶段的科学与工程:儿童聪慧与教育者优势》强调指出:应该从学前阶段就开始进行科学和工程教育,包括重视学习环境建设、注重学科整合、加强课程资源和教师队伍建设等。②

第二,如何改革理科课程、教学与评价体系,以更好地培养中小学生的科学兴趣与科学思维。经过改革开放几十年以来的发展,我国的中小学教育已经

---

① 习近平. 在中国科学院第二十次院士大会、中国工程院第十五次院士大会、中国科协第十次全国代表大会上的讲话 [EB/OL].（2021-05-28）[2022-10-08]. http://www.gov.cn/xinwen/2021/05/28/content_5613746.htm.

② National Academies of Sciences, Engineering, and Medicine. Science and Engineering in Preschool Through Elementary Grades: The Brilliance of Children and the Strengths of Educators[M/OL]. Washington, DC: The National Academies Press，2022［2022-10-08］. https://doi.org/10.17226/26215.

解决了"有学上"的普遍需求，随着社会主要矛盾转化为"人民日益增长的美好生活需要和不平衡不充分的发展之间的矛盾"，人们对教育的需求也开始向"上好学"转变。教育的"内卷"成为一种突出的社会现象，中小学理科教育的应试化现象仍然没有得到有效解决。中国科学院2021年针对220多位院士的调研结果显示，79.1%的院士认为基础教育阶段的过度"刷题"磨灭了学生的好奇心与科学兴趣。①解决这一问题，需要科学的制度设计，其中，课程、教学与评价体系的改革既是关键，也是基础。

第三，如何开发和利用好校外科学教育学习资源。课外的科学学习资源对于扩大学生视野、激发学习热情具有重要的价值。我在上中小学的时候，科学方面的课外图书资源相当有限，还是高中时读到的《化石》杂志激起了我对古生物学的兴趣。通过课外阅读，我开始了最初关于生物进化的思考，并在高考时选择了古生物学专业，最终走上古鸟类研究之路，推究原因，也正是源于青少年时期这段启蒙经历。现在的课外学习资源除了纸质的书籍外，还有各种各样的电子资源，比我们那时丰富了不少，所以要有效利用起来。国外在这方面已经形成了一些成熟的做法。例如，美国课后联盟（The Afterschool Alliance）发布的报告显示：2020年，73%的家长反映他们的孩子课外学习项目中有STEM学习的内容，60%的家长反映他们的孩子每周至少参与两次STEM活动②；57%的社区图书馆会为学龄前儿童提供STEM课程，87%的图书馆会为小学生提供STEM课程等③。站在新的历史起点，参考他山之石，我们在推进中小学科学教育方面，更要充分利用现有资源，加快探索步伐。

---

① "我国数理化基础学科教育若干重大问题研究"课题组．我国数理化基础学科教育若干重大问题研究（咨询报告）[R].北京：中国科学院，2021.

② The Afterschool Alliance. STEM Learning in Afterschool on the Rise, But Barriers and Inequities Exist[R/OL].(2021-08)[2022-10-08]. http://afterschoolalliance.org/documents/AA3PM/AA3PM-STEM-Report-2021.pdf.

③ The Afterschool Alliance. Community STEM Collaborations that Support Children and Families[R/OL].(2020)[2022-10-08]. http://afterschoolalliance.org/documents/Community-STEM-Collaborations-that-Support-Children-Families.pdf.

上述这些问题的解决不可能一蹴而就，可以在有条件的地区通过实验性的实践来进行探索，这既需要理论研究为之廓清方向，更需要有效的实践操作指导以及相应的案例分享。中国教育科学研究院王素研究员集多年研究主编的这套"中国STEM教育2029行动计划"丛书涉及科学教育的课程设置、教学设计、学生评价、教师专业发展、优秀案例呈现等方方面面，相信会对相关的改革实践提供有价值的参考，并发挥积极作用。

中国科学院院士

教科版小学《科学》教材主编

丛书序二

我们正处在一个大变革的时代,科技革命日新月异,全球格局正在重塑,大国博弈日趋激烈。国际竞争的根本在于人才的竞争,特别是高科技人才的竞争,因此很多国家把科学、技术与工程教育置于国家的战略地位,认为STEM教育与科技人才的培养关乎国家安全和人才竞争。我国要在2035年基本实现社会主义现代化,进入创新型国家前列,实现建成人才强国的战略目标,加快建设世界重要人才中心和创新高地,其中,STEM教育对于我国培养科技人才、提升青少年的科技素养具有重要意义。

中国教育科学研究院于2017年成立了STEM教育研究中心,并发布了《中国STEM教育白皮书》,提出了"中国STEM教育2029行动计划"。该计划提出,中国的STEM教育要有顶层设计,要实现大中小学的贯通培养,要利用社会资源建立STEM教育生态,发展一批STEM领航学校和种子学校,培养一批STEM种子教师,并开展系列的促进STEM教育发展的活动。几年来,我们努力发挥科研的引领作用,通过建立STEM教育协同创新中心、召开STEM教育发展大会、开展相关课题研究等推动中国中小学STEM教育的发展,并取得了一定的成效。同时,在对中国STEM教育的调研中我们发现,大部分学校和教师对STEM教育有一定的认识,但是缺乏系统的知识和有效开展STEM教育的方法。因此,我们在2020年组织STEM教育领域的相关专家进行了一系列研讨,希望给教师提供一套完整的、实用的STEM教育案头书,书中既有相关理论的阐述,又有可操作的案例,由此诞生了"中国STEM教育2029行动计划"丛书。

丛书共12本，包括《数字化转型中的STEM教育》《STEM课程设计与实施》《STEM学科教学：链接与赋能》《STEM教师的跨学科成长》《STEM教学设计与评价》《STEM活动与竞赛》《未来学校设计：STEM空间营造》《STEM与工程思维》《STEM与设计思维》《STEM与计算思维》《STEM与创新思维》和《STEM与人工智能》。

　　《数字化转型中的STEM教育》重点梳理了STEM教育的相关理论以及在数字化转型的大背景下STEM教育的基本特征。书中提出，STEM教育更关注学生跨学科整合能力和问题解决能力的培养，而数字化转型对学生提出的能力要求中，跨学科知识、认知和元认知技能、创造新价值、协调矛盾和应对困境等方面都与STEM教育的目标相符。STEM教育将成为支撑数字化转型的重要方式之一。书中对STEM教育的跨学科性、情境化、实践性、素养导向性、智能化和创新性的阐述对落实新课标提出的学科实践、跨学科整合都具有参考价值。

　　学校教师非常关注如何在学校现有的课程体系下设计和开展STEM教育。我们认为STEM不是一门课程，而是一个课程群，涵盖的内容非常广泛，在学校的实施形式也是多样化的，包括学科教学、跨学科项目、活动、竞赛等。针对当前教师面临的主要挑战，我们组织了6本书来系统地阐述如何进行STEM课程设计与实施。

　　其中，《STEM课程设计与实施》一书阐述了STEM课程建设的本质、模式与特征。这本书提出，STEM课程的设计与开发首先须遵循课程开发的基本规范，聚焦课程的定位、课程的价值取向、课程的构建、课程的目标、课程的实施与课程的评价等六方面。其次，STEM课程是体现跨学科融合的综合课程。最后，STEM课程是项目式课程。和所有的项目式课程一样，它在设计开发与实施时是以真实项目为驱动的。这种界定对于学校建设STEM课程非常有价值。书中还对STEM课程目标设计、内容开发、内容来源与转化、实施路径及评价都进行了系统的论述，并给出了不同类型的STEM课程案例供读者参阅。

　　STEM分为广义和狭义之说，其本质是跨学科教育，但在当前学科教学占据绝大部分时间的情况下，如何在学校开展STEM教育？我们从学科教学、跨学科教学、活动与竞赛等不同的STEM教育形态出发向教师们展示如何开展STEM教育。

《STEM学科教学》这本书有个副标题：链接与赋能，表明了本书作者对STEM与学科教学关系的认识。在作者看来，当下随着新课标的发布，课程改革已经进入了以"提质增效"为特征的深化阶段，学科教学还可以在关注学生的问题解决能力、跨领域合作交往能力以及学习活动设计与实施的有效性、学科之间的有机整合、信息技术与学科学习的深度融合等方面进行改进。这其中就体现了STEM教育对学科教学的赋能。STEM教育的跨学科性、项目式的学习方式，强调在真实世界中创造性地解决问题的能力，不正是新课标期待学科教学完成的目标吗？如何实现这种赋能呢？这就是链接的作用。欢迎读者进一步阅读这本书，挖掘更多学科教学与STEM教育的关系。

STEM教育最典型的特征就是跨学科融合，这也是新课标所强调的。很多老师对跨学科教学感到陌生，不知道如何应对，所以我们专门写了一本《STEM教师的跨学科成长》。这本书以活泼新颖的视角阐释了跨学科的演变过程，并从学识、思维、视角、技能四个方面给出了教师的跨学科成长路径。读完这本书，相信你会深受启发，积极走上跨学科成长之路。

STEM教学如何设计与评价？我们也专门用一本书来进行阐述。新课标强调素养导向的教育，强调"教—学—评"一体化，这些理念在STEM教学中如何实现？STEM教学是否有独特的教学模式和有效的教学策略？作为一种项目式学习，STEM教学又如何实现通过评价促进学生核心素养的发展？如何设计和使用STEM学习评价量表？《STEM教学设计与评价》一书对此给出了积极的回应，并结合STEM学习的创新案例帮助大家对这些问题有更清晰的认识。

STEM教育在中国经历了演变的历程，科技教育曾经是更为我们所熟知的名字，尤其是科技活动和竞赛，学校和学生都很喜欢，参与度高。伴随着课程改革，学校设置了小学科学、中学理科课程、通用技术、信息科技、综合实践等有关课程，并开设有社团、校本课程以及科技节等多样的、丰富多彩的课程与活动。STEM教育与原有的很多科技活动和竞赛有着传承关系。学校和校外如何组织、设计STEM活动与竞赛？它们与学校的课程是什么关系？不同学段的STEM活动有什么特点？有哪些典型的STEM活动与竞赛？STEM活动与竞赛如何体现育人功能？《STEM活动与竞赛》一书对此进行了有意义的探索。

相比于常见的学科教学，STEM教育具有很大的特殊性，强调在真实的任务中解决问题，因此需要相应的空间、特殊的环境给予支持。什么样的学校空间是我们所期待的？它传递着怎样的理念？空间与教学和育人之间是什么关系？学习空间设计有哪些可能性？为了回答这些问题，我们专门写了一本《未来学校设计：STEM空间营造》。这本书无论是写作方式还是内容都非常具有创新性，它既有人文的叙事，又有哲理的思考，还给出了操作的方法。从中我们可以看到对学校设计方法论和流程的阐释，并通过具体案例了解到好的学校设计是如何诞生的，体会新的学习理念是如何影响空间设计的。

STEM教育特别注重学生思维方式的培养，我们用4本书阐述了4种重要的思维——工程思维、设计思维、计算思维、创新思维。在过去的学校教育中很多老师对这些思维的培养感到陌生，随着育人目标的改变，思维发展成为教育中极为重要的部分，特别是上述4种思维方式，无论学生将来从事什么职业，这几种思维培养好了，应对工作就会游刃有余。《STEM与工程思维》一书的作者从认知维度、能力维度和实践维度三个方面阐释了工程思维的价值、特点、思想方法，同时给出了运用工程思维解决问题的策略，以及工程思维教学案例及解析，为教师理解工程思维，有效开展教学实践提供了支持。

设计思维在各行业中应用广泛。有些中小学也开设了设计思维培养课程，但是大部分学校教师对设计思维及其教学还是陌生的。《STEM与设计思维》一书力图用一种设计思维的方式来写作，使用图文并茂的形式让读者一眼就可以看到设计思维的要义，并获得不一样的阅读体验。书中给出的大量案例也会让读者切身体会到设计思维的魅力，以及如何在教学中运用设计思维。

进入智能时代，面对全新的世界，人类不仅需要开发新的工具来控制和体验这些设备与技术，更需要全新的思维方式，使我们能够看透技术的本质，以创造性的、深思熟虑的和适当的方式理解并使用这些技术。从这个视角来看，计算思维作为运用计算机和互联网及其他信息处理代理有效执行人类构造和表述问题的思维方法,不仅是计算机科学家和数字工程师的专业兴趣,也将超越具体学科,成为这个时代最基本的思维方式。这是《STEM与计算思维》这本书中对计算思维的描述。计算思维将成为21世纪公民必备的基本思维智慧,成为与阅读、写作、算术一样的基本技能。如此重要的思维在中小学应该如何培养? 本书作者对计算思维的本质、指向计算思维教育的STEM项目设计以及如何运用计算思维解决学科教学问题都做了系统阐述,并辅以案例说明。

创新思维是21世纪核心素养中的重要组成部分。对于创新思维大家既熟悉又陌生,熟悉的是在许多场景下都会提到创新思维的培养,陌生的是如何在学校教育中有效培养创新思维。创新思维可以赋能学生在不久的将来自如地应对工作、生活带来的挑战,也为社会带来更大的价值。赋能学生的前提是赋能学校,而这中间最重要的一环是赋能教师。教师如何设计教学活动激发学生的好奇心,使用什么方法和工具鼓励学生自主探索、应对挑战、学会从失败中学习,如何创建一个友善的环境,使用正确的沟通方式和学生对话、交流,值得每一位教师在阅读时深思。在这本《STEM与创新思维》中你还会了解到我国和新加坡多所学校的创新思维教学培养案例。

人工智能也是目前学校开展STEM教育的重要内容领域,因此我们特别编写了《STEM与人工智能》这本书,通过对各学段大量案例的展示与解析,让教师了解在STEM教育中如何开展人工智能相关内容的项目设计与实施。

我们期待这套STEM教育丛书能给教师提供更加全面了解STEM教育的机会,同时也希望这套书成为教师开展STEM教育的得力助手。我们还会开发与这套书配套的视频课程,使其成为STEM教师专业学习的有效资源。希望我们的努力能助推中国STEM教育的发展,更加希望我们这套书能成为正在阅读本书的你的好朋友。

王 素

中国教育科学研究院比较教育研究所所长

中国教育科学研究院 STEM 教育研究中心主任

自 序

2000 年至 2004 年，我就读于东北师范大学化学学院，主修化学教育专业。因为当时恰逢第八次基础教育课程改革，所以我有幸聆听到东北师范大学郑长龙教授对《普通高中化学课程标准（实验）》的解读。这促使我对科学探究、三维目标体系等概念有了最初的认识。

2004 年，我师从王佐书先生，攻读课程与教学论专业的教育学硕士学位。先生对中国教育改革非常关注，时常教导我们要学习辩证法和方法论，要从哲学层面思考一些教育中存在的现实问题。

自 2007 年起，在王素老师的领导和指引下，我先后参与了"未来工程师""中国 STEM 教育 2029 行动计划"等项目，从事相关活动策划组织及科研管理工作近 16 个春秋。

2007 年盛夏，我参加了在苏州举办的第四届全国青少年未来工程师博览与竞赛总决赛现场活动。未来工程师项目面向广大青少年学生，是融合科学、技术、工程、数学与艺术的新型公益性科技活动。全国总决赛是未来工程师项目最重要的活动，当年学生现场挑战的木梁承重、排雷机器人、节能环保城市、自制乐器等项目，让人耳目一新，为之振奋。那是我第一次真正意义上接触青少年科技活动，也是第一次意识到通过科技活动促进中小学生创造性解决问题能力提升是如此重要。

2012 年至 2014 年，因为工作关系，我应邀参与了几次北京市校长及科技骨干教师的 STEM 教育专题培训活动。那时，很多教育界同仁并没有听过"STEM"这个词，以至于后来我曾开玩笑说：那个时候的课非常好讲，解读一下STEM代表的四个学科，回顾一下STEM教育提出的背景和意义，基本上这节课就结束了。

2015年，我国基础教育领域迅速掀起了一股创客教育和STEM教育的浪潮。彼时，学界呈现一片百花齐放、百家争鸣的景象，众多企业也加入这个新兴行业的商业角逐中。

2017年，中国教育科学研究院基于教育科研需要，出于解决STEM教育在我国迅速发展所带来的一系列问题的现实考虑，正式成立了中国教育科学研究院STEM教育研究中心。

2018年，中国教育科学研究院STEM教育研究中心联合多家单位，倡议发起"中国STEM教育2029行动计划"。在接下来的三年中，STEM教育研究中心引领全国近千所幼儿园和中小学校，共同开启了声势浩大的STEM教科研工作。

2019年，在中国教育科学研究院举办的第三届中国STEM教育发展大会上，香港教育工作者联会的黄锦良主席提出：中国目前在搞的STEM教育其实就是科技创新教育。我个人很赞同这个观点，会下与黄锦良主席进行了深入的交流，并建议请王素老师在第四届中国STEM教育发展大会上，联合各方共同发起STEM教育中国化的相关研讨活动。

未来工程师项目是STEM教育理念的践行者，"中国STEM教育2029行动计划"是中国科技创新教育发展的引领者，实践与理论的结合是我斗胆写这本书的原动力。

不忘初心，方得始终。在我国幼儿园和中小学校加强STEM教育，大力开展STEM活动与竞赛，是培养未来人才能力的需要，是新时代教育改革的需要，是经济发展的需要，更是国家安全的需要。开展STEM活动，可以促进学生进行深度学习、项目式学习，提升学生跨学科、综合解决问题的能力；开展STEM竞赛，可以为我国构建创新型国家、选拔创新人才提供一条有效途径。

万物得其本者生，百事得其道者成。STEM教育理念的践行，离不开

STEM 活动的开展；STEM 活动的开展，离不开 STEM 竞赛的带动。本书主要尝试针对幼儿园和中小学校开展 STEM 活动所涉及的基本概念、活动类型及对应的典型案例等方面进行梳理，从 STEM 活动实施主体、活动主题、活动形式等维度展开探讨，以期为一线教师开展 STEM 活动带来些许启示。此外，编者认为 STEM 竞赛是 STEM 活动的"高阶阶段"。本书也尝试从 STEM 竞赛发展趋势的研究视角出发，系统阐述参与 STEM 竞赛如何能带动 STEM 活动的开展，进而更好地促进 STEM 教育理念的落地。

目　录

第一章

STEM活动与竞赛的
基本概念

插画1 以"E"为核心的STEM模型

一、四个基本概念

（一）STEM 教育

STEM 教育是近年来在美国、英国、德国、日本、韩国等世界多个国家盛行的教育理念。美国是最早提出 STEM 教育的国家，"STEM"一词实质上是由四个英文单词的首字母组成的。

在 STEM 中，S 是科学（science），T 是技术（technology），E 是工程（engineering），M 是数学（mathematics）。一般认为，STEM 教育具有跨学科、项目式两大基本特征。科学和数学是项目涉及的基础知识，技术是项目实施的手段，工程是项目从设计、实施到完成的全过程。

（二）STEM 课程

"课程"一般是指学校学生所应学习的学科总和及其进程与安排。从我国课程开发的主体来看，可以将课程分为国家课程、地方课程与校本课程。国家课程是指中央政府及其教育行政部门制定和管理的适用于全国范围的课程。地方课程是指地方政府及其教育行政部门制定和管理的适用于本地区的课程。校本课程是指教师根据学校的实际对国家或地方课程进行的补充、修正或改编所形成的课程。

STEM 本身不是一门课程，但 STEM 教育理念的实践一定要依托相关课程方可落地。在这个前提下，我们把按照 STEM 教育理念设计并实施的课程，定义为"STEM 课程"。目前，我国的 STEM 课程一般以校本课程的形式开展。STEM 课程的开发缺少课程标准作为依据，这是我国开展 STEM 教育面临的首要难题。

STEM 课程是对 STEM 教育的目标、教学内容、教学活动方式的规划和设计，是教学计划、教学大纲等诸多方面实施过程的总和。STEM 课程具备跨学科、真实性、趣味性、艺术性、体验性、设计性、协作性、创新性等核心特征。

（三）STEM 活动

在《现代汉语词典》第 7 版中，"活动"的名词性定义是：为达到某种目的而采取的行动。我们尝试结合 STEM 活动的一般特征，从广义和狭义两个维度定义何为 STEM 活动。

广义的 STEM 活动：实践 STEM 教育理念的一切教育教学行为。

狭义的 STEM 活动：基于 STEM 教育理念设计，通过相关活动激发学生热爱科技的兴趣，培养学生运用所学知识创造性解决真实世界真实问题的教育教学实践活动。

无论是广义还是狭义的 STEM 活动，都应具备下述基本目标和重要意义。

STEM 活动的基本目标：对学生智力因素和非智力因素的培养有促进，对学生的内在学习动机有激发，对学生已习得的知识与技能有运用。

STEM 活动的重要意义：通过 STEM 活动促进学生 STEM 素养提升，尤其是促进学生掌握工程思维，让更多的学生愿意从事 STEM 相关职业，并在应对未来不确定的挑战时具备创造性解决问题的能力。

（四）STEM 竞赛

1. STEM 竞赛的定义

基于 STEM 教育理念设计的学生竞赛活动，就是本书为 STEM 竞赛下的定义。STEM 竞赛面向的学生主要包括幼儿、中小学生、大学生。STEM 竞赛是学校 STEM 教育成果展示的平台，也是我们开展 STEM 教育的一种显性评价手段。

STEM 竞赛有别于数学、物理、化学、生物、信息学等学科竞赛，它更注重学生综合运用多个学科的知识解决实际问题的能力。

2. STEM 竞赛发展现状

目前，在我国面向中小学生的很多科技创新类竞赛中，一些新的竞赛项目在研发时，均运用了 STEM 教育理念。近年来，有些新兴的竞赛更是直接在竞赛名称中，加入了 "STEM 竞赛" 等相关名词。

国外的科技赛事也都在不同层面上涉及诸多运用 STEM 教育理念的项目。比如，英特尔国际科学与工程大奖赛、欧盟青少年科学家竞赛、瑞典斯德哥尔摩国际青年科学研讨会、日本超级理科高中学生展示活动、DI 青少年创新思维竞赛、环球自然日——青少年自然科学知识挑战活动全球总决赛、青少年机器人世界杯总决赛、瑞士日内瓦国际发明展览会等。

3. 典型的 STEM 竞赛实例

由中国教育科学研究院王素研究员于 2004 年倡议发起的未来工程师项目，是我国最早倡导 STEM 教育理念的竞赛活动之一。未来工程师项目强调以学生科技创新竞赛活动为载体，整合科学、技术、工程与数学教育，包括与艺术的结合，通过真实的任务为学生提供综合运用知识以及培养创造性解决问题能力的机会。

未来工程师项目采取任务驱动的方式，通过贴近生活的挑战题目，吸引学生主动观察生活，理解科学技术对人类生产、生活的影响，增进其对科学与技术的兴趣，培养和促进他们运用所学知识创造性解决问题的能力，旨在通过活动切实推进素质教育，全面提升青少年科学与技术素养。

未来工程师项目既是 STEM 教育先行者，更是 STEM 教育践行者，自2004 年开始在全国逐步推动，2012 年正式亮相全国科技活动周主会场。未来工程师项目以其前瞻性、创新性和公益性得到了党和国家领导人的认可和支持，时任国务院副总理刘延东连续 5 年亲临总决赛现场，与参赛师生亲切交流。

二、STEM 活动、STEM 课程、STEM 竞赛之间的关系

（一）STEM 活动与 STEM 课程的关系

1. STEM 活动是 STEM 课程的一部分

STEM 课程是为实施 STEM 教育理念而制订并实行的各种计划、活动和进程。从这个意义上说，STEM 活动也是 STEM 课程的一部分。

2. STEM 活动是 STEM 课程实施的载体

STEM 活动是 STEM 课程实施的载体，也是 STEM 教育理念落地的重要手段。STEM 教育理念的践行离不开 STEM 活动的开展，STEM 课程的实

施离不开 STEM 活动这一重要载体。

（二）STEM 活动与 STEM 竞赛的关系

1. STEM 活动之中包含 STEM 竞赛

STEM 活动之中包含 STEM 竞赛这一特殊类型，也可以理解为 STEM 竞赛是 STEM 活动高级阶段或最终阶段的呈现方式。

2. STEM 竞赛是 STEM 活动的催化剂

STEM 竞赛是激发学生参与 STEM 活动热情的催化剂。在开展各类 STEM 活动的过程中，均可设置能充分激发学生挑战热情的任务目标，从而更好地促进 STEM 活动的开展。

3. STEM 竞赛是 STEM 评价的手段

STEM 竞赛是评价 STEM 教育成果的一种重要手段。评价 STEM 教育成果本身是一件比较困难的事情，STEM 活动更多采用 STEM 竞赛的形式开展，可以部分解决 STEM 教育成果难以评价的现实难题。

（三）STEM 课程与 STEM 竞赛的关系

1. STEM 课程与 STEM 竞赛共生

STEM 竞赛是检验 STEM 课程成果优劣的手段之一；STEM 课程是针对学生进行 STEM 竞赛训练时，有意无意都会进行的一种特殊形式的课程活动。STEM 课程与竞赛是相辅相成、相互促进、相互依存的共生关系。

2. 竞赛项目课程化

未来工程师项目的赛项大都基于 STEM 教育理念而设计，是典型的 STEM 竞赛。2014 年以来，编者作为未来工程师项目的秘书长，多次倡导将未来工程师项目的赛项题目转化为学校的 STEM 校本课程，通过竞赛项目的课程化来促使和鼓励更多的青少年参与其中。

从教学的角度来看，将 STEM 竞赛转化为 STEM 课程，是在学校开展竞赛真正的意义所在，也是以赛促学的必然手段。

（四）三者之间的关系

STEM 活动、STEM 课程和 STEM 竞赛在学校的有序展开，是促进 STEM 教育理念在教学实践过程中真正落地的根本。从某种哲学层面来看，三者之间是一种你中有我、我中有你、相互交叉、相互促进、相辅相成、互为因果的关系，可以把这种关系用图 1-1 来描绘。

图 1-1　STEM 活动、STEM 课程、STEM 竞赛关系图

学生参与 STEM 竞赛能够促进 STEM 活动在学校的开展，STEM 活动

的开展能够提高 STEM 竞赛水平；学校 STEM 活动的开展能够促进教师对 STEM 课程的研发，STEM 课程的研发能够提高 STEM 活动的开展水平；教师 STEM 课程的研发能够促进 STEM 竞赛的开展，STEM 竞赛的开展能够提高 STEM 课程的研发水平。

图 1-1 所要表达的含义也可以概括为：通过以用促教、以用促学、以赛促教、以赛促学，进而实现学以致用、以学促用的目标。在这句话中，"用"是指 STEM 活动，"赛"是指 STEM 竞赛，"教"和"学"是指 STEM 课程。"以用促教、以用促学、以赛促教、以赛促学"是策略和方法，"学以致用、以学促用"是结果。

至于在学校先开展 STEM 活动，或是 STEM 竞赛，抑或是 STEM 课程，就需要根据不同学校的实际情况，尤其是综合分析本校本班学情后，方可确定。

三、STEM 活动实施策略

（一）STEM 活动与其他学科结合

我国基础教育课程设置有一部分本身就是综合课程，例如信息技术、科学、通用技术等课程。在这些课程实施的过程中巧妙融入 STEM 活动，不但可以实现 STEM 教育理念的落地，还可以促进学生学科知识应用能力的提升，实现从学以致用到以用促学的目的。

此外，STEM 活动与数学、语文、物理、生物等学科也可以很好地结合。例如：幼儿园将 STEM 与数学结合，开展"探究神奇的一米线"的 STEM 活动；小学将 STEM 与语文结合，开展"用木工作品创意表达古诗词"的

STEM 活动；初中将 STEM 与物理结合，开展"认识眼球"的 STEM 活动；高中将 STEM 与生物结合，开展"大健康产业"的 STEM 活动。

（二）STEM 活动与其他活动结合

1. 与综合实践结合

从小学至高中均设置综合实践活动并作为必修课程，其内容主要包括：信息技术教育、研究性学习、社区服务与社会实践以及劳动与技术教育。与传统实践活动强烈的目标性不同，综合实践活动更强调多种主题、多种任务模式、多种研究方法的综合。

综合实践活动强调学生通过实践，增强探究和创新意识，学习科学研究的方法，发展综合运用知识的能力，这与 STEM 教育理念不谋而合。此外，综合实践活动和 STEM 活动在"活动"这一特征上高度一致。

STEM 活动与综合实践活动如何结合，是未来一段时间值得我们探讨的话题，也是值得我们探索的课题。

2. 与研学旅行结合

研学旅行继承和发展了"读万卷书，行万里路"的教育理念和人文精神，成为提升中小学生的自理能力、创新精神和实践能力的新内容和新方式。研学旅行一般由学校根据区域特色、学生年龄特点和各学科教学内容需要，组织学生通过集体旅行、集中食宿的方式走出校园，在与平常不同的生活中拓宽视野、丰富知识，加深与自然和文化的亲近感，增加对集体生活方式和社会公共道德的体验。

STEM 活动与研学旅行结合，可以提升研学旅行的"技术含量"，进一步促进游中学、玩中学、做中学的知识建构过程，以实现培养学生解决真实世界真实问题的创新能力的目的。

3. 与课后活动结合

2017年，教育部办公厅印发《关于做好中小学生课后服务工作的指导意见》，指出"开展中小学生课后服务，是促进学生健康成长、帮助家长解决按时接送学生困难的重要举措，是进一步增强教育服务能力、使人民群众具有更多获得感和幸福感的民生工程"。课后服务内容主要为安排学生做作业、自主阅读、体育、艺术、科普活动，以及娱乐游戏、拓展训练、开展社团及兴趣小组活动、观看适宜儿童的影片等。

以北京的中小学校为例，很多学校都依托课后服务的政策，开展了社团或全校性质的STEM活动。依托课后服务活动开展STEM活动，一是解决了STEM活动的课时问题，二是解决了STEM活动的经费问题，三是解决了STEM活动的师资问题。

4. 与劳动教育结合

生产劳动是人类社会赖以生存和发展的基础，是人类最基本的实践活动。劳动教育是使学生树立正确的劳动观点和劳动态度，热爱劳动和劳动人民，养成劳动习惯的教育，是人德智体美劳全面发展的主要内容之一。劳动教育是中国特色社会主义教育制度的重要内容，直接决定社会主义建设者和接班人的劳动精神面貌、劳动价值取向和劳动技能水平。STEM活动中的动手操作与劳动教育非常契合，两者有机结合，会起到彼此促进的积极作用。

5. 与竞赛活动结合

目前，非常多的中小学校采用了STEM活动与相关竞赛活动结合的实施策略。尤其是科技类竞赛，已经成为目前阶段衡量学校STEM活动开展情况的重要评价指标之一。

（三）整合利用社会资源

合理整合利用社会资源，营造全社会共同参与 STEM 活动的氛围，逐步打造 STEM 教育共同体，是落实 STEM 教育理念的"上上策"。

1. 构建家校共建的 STEM 活动模式

STEM 活动有其专业性的要求，需要实施者具备一定的专业知识和技能，以及对相关行业、产业的了解。很多学校在开展 STEM 活动时，都借助了本校学生家长的资源。

很多大学或科研院所附属的中小学校，学生家长本身大多是各个领域的专家学者，可以从更专业的角度来为学生做指导，也可以提供专业实验室等实际科研环境给学生直接的亲身体验。

例如，中关村第一小学充分整合家长资源，定期举办院士大讲堂、走进农科院等活动，让学生了解最新的科技进展，以便更好地开展相关的 STEM 活动。青岛嘉峪关学校的一些家长是海洋方面的专家，学校专门开设了基于海洋主题的 STEM 活动，邀请家长来给学生讲课和指导；学校还基于地缘优势，打造了"海洋牧场"主题活动，让孩子身临其境地研究海洋生物，取得了很好的效果。此外，一些乡村学校在整合家长资源方面也有自己的做法。他们开设了基于种植、养殖等主题的 STEM 活动，请学生家长来做技术指导，也很好地开展了相应主题的 STEM 活动。

学生家长都是各行各业的从业者，依托他们不同的从业背景，设计不同主题的 STEM 活动，构建家校共建的 STEM 活动模式，是 STEM 活动实施的一条有效途径。

2. 构建校企共建的 STEM 活动模式

学校可以整合高科技、工程技术等相关企业、科研院所等资源，开展相应主题的 STEM 活动，构建校企共建的 STEM 活动模式。

比如，开展工程类的 STEM 活动，可以整合建筑相关企业资源，请设计师或工程师为学生讲解真实建筑案例，并帮助学生搞清楚一些工程技术的问题；开展航天类的 STEM 活动，可以整合航天类高科技企业的资源。北京市海淀区教师进修学校作为中国教育科学研究院首批 STEM 教育协同创新中心之一，在研发航天类 STEM 活动时，邀请了中国空间技术研究院（航天五院）、上海航天技术研究院（航天八院）、中国科学院半导体研究所等科研院所的技术专家参与其中，打造了一批极具特色的基于航天主题的 STEM 活动，构建了校企共建的 STEM 活动创新模式。

四、国内外 STEM 竞赛案例

目前，国内虽然还没有影响力和规模都比较大的 STEM 竞赛，但在部分规模较大、影响力较大、专业性较强的科技创新类的竞赛中，相关赛事主办方已经将展示 STEM 教育成果作为赛项设置的优先考虑因素。比如，全国青少年科技创新大赛、未来工程师项目、DI 青少年创新思维竞赛等赛事活动。

（一）全国青少年科技创新大赛

1. 大赛简介

全国青少年科技创新大赛是由中国科协、自然科学基金委、共青团中央、全国妇联共同主办的一项全国性的青少年科技竞赛活动。自 1982 年至今，全国青少年科技创新大赛已经成功举办了 36 届。大赛包括青少年科技创新成果竞赛和科技辅导员科技教育创新成果竞赛两个赛项。

大赛具有广泛的活动基础，从基层学校到全国大赛，每年约有 1000 万名青少年参加不同层次的活动。全国青少年科技创新大赛不仅是国内青少年科技爱好者的一项重要赛事，而且已与国际上许多青少年科技竞赛活动建立了联系，每年都从大赛中选拔出优秀的科学研究项目参加国际科学与工程大奖赛、欧盟青少年科学家竞赛等国际青少年科技竞赛活动。

2. 大赛宗旨及基本方式

大赛的宗旨：激发广大青少年的科学兴趣和想象力，培养其科学思维、创新精神和实践能力；弘扬科学精神，培养青少年求真务实、勇于创新的思想品格，树立科技报国的远大理想；促进各地青少年科技创新活动的广泛开展和科技教育水平的不断提升；发现和培养一批具有科研潜质、创新精神和爱国情怀的青少年科技创新后备人才。

大赛的基本方式：中小学生和科技辅导员根据每年竞赛规则，申报相关作品参赛；聘请专家通过对参赛作品和参赛者的综合测评，评定出获奖者，给予表彰；组织参赛作品展示和交流活动。

3. 大赛与 STEM 教育

《青少年科技创新成果竞赛规则（2021 年）》中，关于小学生作品学科分类第 4 项的描述是："技术：将科学、技术应用于日常生活，综合设计或开发制作以解决实际问题。"由此可见，全国青少年科技创新大赛组委会在部分项目研发设计时，已经开始注重科学与技术在解决实际问题中的应用，这也使得这些项目具有了比较显著的跨学科、项目式的 STEM 教育特征。

（二）未来工程师项目

1. 项目缘起

2001 年，中央教育科学研究所（现更名为中国教育科学研究院）承担了科技部《2001—2005 年中国青少年科学技术普及活动指导纲要》实施项目，在全国 22 个省区市、1000 多所学校开展纲要试点工作，并探索有效的青少年科普方式。基于试点研究工作的成果，在科技部、教育部的支持下，2004 年，由中央教育科学研究所科学与技术教育研究中心倡议发起未来工程师项目。未来工程师项目是由教育学者发起的公益性青少年科技创新活动。项目的宗旨在于培养学生具备创造性解决问题的能力。我国著名教育学家顾明远、中国科学院院士欧阳自远为项目题词（见图 1-2）。

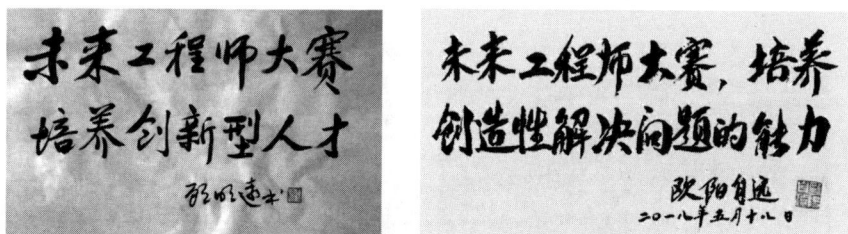

图 1-2　顾明远、欧阳自远为未来工程师项目题词

2. 项目愿景

项目面向广大青少年学生，是融合科学、技术、工程、数学与艺术的新型公益性科技活动。项目采取任务驱动方式，通过贴近生活的挑战题目，吸引学生主动观察生活，理解科学技术对人类生产、生活的影响，增进其对科学与技术的兴趣，培养他们运用所学知识创造性解决问题的能力，旨在通过活动切实推进素质教育，全面提升青少年的科学与技术素养。

项目涉及技术工程、机械、建筑、机器人、交通运输和航空航天等领域，包含全国青少年未来工程师博览与竞赛、未来工程师俱乐部挑战赛、国际青少年未来工程师挑战赛、工程技术教育师资培训等活动。项目通过立体化的活动为青少年创新搭建展示平台，为科技教师专业发展提供支持，为企业与大学、中小学校的教育建立沟通桥梁，并通过国际交流与合作拓宽视野，引进优质资源培养有国际视野的创新人才。

3.项目进展

项目自 2004 年开始在全国逐步推动，2012 年起多次亮相全国科技活动周主会场（见图 1-3）。目前，全国青少年未来工程师博览与竞赛由全国科技活动周组委会办公室、教育部中国教育科学研究院、科技部中国科学技术交流中心联合主办。近年来，未来工程师项目联合多方力量，参与组织了三届"内地与港澳青少年 STEAM 创客挑战赛"，促进了内地与港澳青少年的交流。目前，活动已经覆盖了北京、上海、广东、辽宁、山西、江苏、新疆、内蒙古等 20 多个省区市。

图 1-3　参与全国科技活动周启动仪式现场活动

4.项目设置

未来工程师项目强调以学生科技活动为载体，整合科学、技术、工程与数学教育，包括与艺术的结合，通过真实的任务为学生提供综合运用知识以及创造性解决问题的机会。

2020 年第十五届全国青少年未来工程师博览与竞赛共设置了 12 个项目，其中包括 3 个博览项目、9 个竞赛项目。博览与竞赛的项目需要学生在比赛现场设计并制作完成，考查学生的现场发挥及应变能力。博览项目包括：创意微拍"1+1"、创意花窗、爱创造智能作品。竞赛项目包括：木梁承重、过山车、投石车、水火箭、回收工程、无人机、智能赛车、智能物流系统、千机变。图 1-4 展示了学生在比赛现场留下的一些精彩瞬间。

图 1-4　比赛现场精彩瞬间

5. 项目拓展

（1）发起"内地与港澳青少年 STEAM 创客挑战赛"

2017 年 7 月 23 日，由中国教育科学研究院、香港岭南大学、新界校长会主办，全国青少年未来工程师博览与竞赛组委会等单位协办的首届"内地与港澳青少年 STEAM 创客挑战赛"在香港岭南大学圆满落幕。

全国青少年未来工程师博览与竞赛组委会秘书处参与了该活动前期竞赛题目的策划工作，并组织内地师生赴香港参赛。活动在相关单位的支持下，已经连续举办了三届，得到了社会各界的好评。

该活动旨在推动 STEM 教育发展，促进内地与港澳师生的交流合作，进一步培养内地与港澳青少年的综合素养及应用多学科的能力，为未来储备人才，应对未来经济、科学和技术的高速发展所带来的挑战。在活动中，青少年们通过思维的碰撞和团队的协作，充分展示了他们创造性解决问题的能力。

（2）发起国际性 STEM 赛事活动

2014 年初，全国青少年未来工程师博览与竞赛组委会、英国大使馆文化教育处以及中央兰开夏大学、考文垂大学、哈德斯菲尔德大学、金斯顿大学、皇家艺术学院和谢菲尔德哈勒姆大学六所优秀的英国大学，联合主办了"爱·创·造"电子工程设计创客挑战赛。

本次挑战赛旨在培养参赛者在电子工程和设计方面的创新精神，提高跨学科知识融合的应用技能。挑战赛为期五个多月，分为三个阶段进行。最终总冠军团队的所有成员于 2015 年踏上前往英国的旅程，参观高等学府，探访艺术、设计和工程机构，同英国顶尖学者、从业人员展开面对面的交流。

6. 项目亮点

2018 年 5 月，全国科技活动周启动仪式在中国人民革命军事博物馆举办，中国人民大学附属中学实验小学、北京中学的 12 名中小学生，代表全国青少年向社会各界人士展示了"未来工程师·中国梦之桥"的现场搭建表演（见图 1-5）。

图 1-5 "未来工程师·中国梦之桥"搭建现场

"未来工程师·中国梦之桥"的设计理念体现了科技与人文素养的融合。

搭建斜拉索桥的过程中，桥梁材料的选择、桥梁结构的设计、搭建工具的选用、桥梁合龙的技术要求等，都需要学生具备一定的科技素养；现场的搭建则属于表演性质，主要突出的是作品的人文内涵。通过"未来工程师·中国梦之桥"的搭建，参与的青少年学生一方面了解到我国造桥的工程技术水平世界领先，另一方面更深刻体会到桥梁从古至今都是连接世界文化的纽带。

（三）DI 青少年创新思维竞赛

1. DI 是什么

所谓 DI（Destination Imagination），是一项开发青少年智力的比赛活动。DI 协会成立于 1983 年，总部设在美国的新泽西州，每年 5 月在美国举办 DI 全球总决赛。根据活动特点，DI 活动可译为"DI 青少年创新思维竞赛"。

2. 活动影响力

DI 青少年创新思维竞赛在全球的多个国家开设了 DI 国家级区域组委。这是一项基于社区的、非营利的国际性的教育项目。每年，该项目影响美国 42 个州、加拿大 7 个省、28 个国家和 6 个大洲的 15 万多名学生。

3. 活动项目

DI 青少年创新思维竞赛项目分为即时挑战和团队挑战。即时挑战：比赛现场才知道题目，根据所给的材料完成一个特定的任务。团队挑战：根据组委会提前给出的主题进行故事的编排，在故事中体现一定的科技含量，团队挑战有区赛、市赛、省赛、国赛以及世界赛。DI 青少年创新思维竞赛的活动项目形式有很多种，包括各年龄段的竞赛、训练营、培训课程等。

DI 青少年创新思维竞赛主要培养参与者有创意的、有判断性的思维；培养参与者创造性解决问题和使用工具的能力；培养团队合作、领导力等能力；提高研究和提问的技巧，注重创意探索，关注细节；加强并应用书面表达和口头表达能力，以及即兴和深入的展示技巧；促进对各方面特长和天赋的发掘、使用和培养。

第二章 按照实施主体划分的 STEM活动

幼儿 STEM 活动

中小学生 STEM 活动

教师 STEM 活动

插画2　适合学生的STEM活动

一、幼儿 STEM 活动

（一）幼儿 STEM 活动的特点

1. 与幼儿 STEM 活动相关的政策文件

针对 3—6 岁儿童开展 STEM 活动，可依据我国中央政府及其教育行政部门出台的以下三个重要政策文件：《国家中长期教育改革和发展规划纲要（2010—2020 年）》、《国务院关于当前发展学前教育的若干意见》、《3—6 岁儿童学习与发展指南》（以下简称《指南》）。

《指南》是幼儿园开展相关教育教学实践活动的纲领性文件，也是针对 3—6 岁儿童开展 STEM 活动首要参考的政策文件。

《指南》从健康、语言、社会、科学、艺术五个领域描述幼儿的学习与发展。幼儿的发展是一个整体，五个领域之间需相互渗透和整合，方能促进幼儿身心全面协调发展，这与 STEM 教育理念不谋而合。

2. 幼儿 STEM 活动的基本特征

幼儿园的教育并不强调学科知识的习得，而是更关注幼儿身心的全面协调发展。幼儿园教育的内容一般划分为健康、语言、社会、科学和艺术五个领域。

幼儿 STEM 活动主要是通过幼儿一日活动来实施的，一日活动主要包括生活活动、游戏活动、教学活动。适合 3—6 岁儿童身心发育特点且丰富多样的 STEM 活动应具备生活化、游戏化的基本特征。从 STEM 活动主题选择和实施方式的角度，也可以理解为 STEM 活动应该选取源于幼儿身边的真实世界的主题，并采取有机融于主题游戏活动之中的实施方式。

3. 开展幼儿 STEM 活动的意义

良好的 STEM 早期教育，对保护幼儿的好奇心和想象力，促进幼儿主动探究、认识身边的世界，引导幼儿发现一些现实生活中的问题，培植幼儿的科学精神，提升儿童的思维能力和创新潜能至关重要。近年来，我国中小学校，尤其是小学阶段，对 STEM 教育非常重视。在幼儿阶段开展 STEM 活动，也可以起到为小学阶段开展 STEM 活动打下良好基础的作用。

（二）适合幼儿的 STEM 活动案例

美国贝勒大学的苏珊·内史密斯（Suzanne Nesmith）博士提出，当你审视现实世界的问题时，一维方法不能解决这些问题，世界的进步和发展依赖于科学、技术、工程和数学。STEM 教育强调的技能——批判性思维、沟通、协作和创造力——不仅适用于这些领域，也适用于其他学科。苏珊娜·奈斯密斯博士和她的同事桑德拉·库珀（Sandra Cooper）博士认为，有效开展幼儿 STEM 活动应遵循下述四条原则[①]。

一是保持学习的均衡，科学、技术、工程和数学的学习都有助于解决问题。

二是基于真实世界，这些问题和其解决办法是现实的、相关的。

三是团队合作，协作需要贡献和合作，才能找到问题解决办法。

四是多个答案，练习或活动可以通过多种方式完成。

结合我国幼儿园教育的实际情况，编者选取了来自不同地区的五个幼儿 STEM 活动案例，希望可以对我国幼儿园开展适合幼儿的 STEM 活动给予一定的启发。

幼儿园 STEM 活动的开展在大方向上应遵循的首要原则——要与《指

---

① 资料来源：https://onlinegrad.baylor.edu/resources/identify-effective-stem-activities-children/。

南》要求的"促进幼儿身心全面协调发展"等相关要求契合。幼儿园可着力于围绕健康、语言、社会、科学、艺术五个领域相互渗透和整合的原则，运用STEM教育理念开展科学探究活动。

生活即教育，经历即成长。STEM活动的开展一定要选择适合幼儿的STEM活动主题。STEM活动应由浅入深，再深入浅出，在寓教于乐中，有效地将健康、语言、社会、科学、艺术五个领域进行融合，在各领域相互作用、相互渗透中促进幼儿各方面能力的发展。

1. 符合幼儿身心发育特点

《指南》指出，"理解幼儿的学习方式和特点。幼儿的学习是以直接经验为基础，在游戏和日常生活中进行的。要珍视游戏和生活的独特价值，……，最大限度地支持和满足幼儿通过直接感知、实际操作和亲身体验获取经验的需要"。幼儿园的STEM活动必须符合幼儿身心发育特点，尤其注意不能"拔苗助长"。设计符合幼儿身心发育特点的STEM活动应该注意以下几点。

（1）结合幼儿真实生活，创设活动情境

STEM活动内容选择应结合幼儿真实生活，并源于生活，回归生活。STEM活动解决的应是幼儿生活中遇到的真实问题，在对真实问题探究的过程中，积累科学、技术、工程与数学的知识。在真实情境中开展STEM活动能更有效地帮助幼儿深入探究，建立相关经验。

幼儿在真实情境中提出真问题、有目的地探究，可以让幼儿主动思考，分析问题、解决问题。使用真实工具材料探究，不仅体现STEM教育理念，也符合《指南》中科学活动生活化的要求。

（2）遵循幼儿年龄特点，注重体验操作

3—6岁是儿童身心发展非常迅速的阶段。遵循幼儿年龄特点，最重要的是要了解幼儿以具体形象思维为主的思维特点。6岁前儿童的抽象逻辑思维发展还是初步的，其推理的抽象概括性、逻辑性和自觉性还较弱。STEM活动要符合幼儿的思维特点，引导幼儿在STEM活动中通过感受、体验、操作来积累经验，不断发现、分析、解决问题。

所以，STEM 活动过程要给幼儿创造充分观察、操作、探究的机会。

（3）符合幼儿经验水平，找准最近发展区

从活动内容上来说，STEM 活动应符合幼儿阶段能理解、掌握的一般要求，同时要结合幼儿的已有经验，找准最近发展区。最近发展区是基于幼儿已有经验的，只有符合幼儿经验水平的 STEM 活动目标，才能帮助幼儿获得适宜的新经验。

STEM 活动案例 2-1 是典型的基于工程技术解决实际问题，且符合幼儿身心发育特点的 STEM 活动案例。该活动在设计上充分考虑了参与幼儿的经验水平，在活动实施中遵从教育心理学一般原理和规律。

STEM 活动案例 2-1：运水 [①]

一、活动背景

《指南》指出："幼儿的思维特点是以具体形象思维为主，应注重引导幼儿通过直接感知、亲身体验和实际操作进行科学学习。"《幼儿园教育指导纲要（试行）》提出："科学教育应密切联系幼儿的实际生活进行，利用身边的事物与现象作为科学探索的对象。"

本班幼儿处于小班初期，喜欢动手动脑探索和摆弄身边的常见物品。玩水是孩子的天性，本次活动就是结合孩子的兴趣，利用身边的环境与生活中常见的工具和材料将教育内容巧妙、自然地渗透进去。幼儿在观察对比不同运水工具后，进行大胆猜测和尝试，经过反复体验和操作，感受水的特性，找出能运水的工具，并通过探究发现这些工具能运水的原因，从而丰富生活经验。

二、活动内容

（一）活动目标

（1）幼儿能够体验使用工具运水的乐趣，感受运水活动的成就感。

---

① 案例设计与实施者：北京大学附属幼儿园孟帆老师。

（2）幼儿能够在探究中发现哪些工具能运水、哪些工具不能运水，并知道其原因。

（二）活动重点

幼儿能够通过实验操作发现哪些工具能运水、哪些工具不能运水。

（三）活动难点

幼儿能够通过观察、思考，知道工具能运水和不能运水的原因。

（四）活动准备

1. 经验准备

（1）幼儿见过和使用过常见的工具（如小碗、水杯、水舀、漏勺等）。

（2）幼儿知道种植植物需要保持土壤的水分，土干了要浇水。

2. 物质准备

（1）情境创设：苗苗农庄两块需要浇水的土地；装满水的大水盆两个；水盆与苗苗农庄有五米的距离。

（2）能运水的工具：小碗、水舀、水杯、小桶、小盆等。

（3）不能运水的工具：筛子、漏勺、漏斗、竹筐等。

（五）活动过程

1. 导入环节

教师带幼儿参观幼儿园的苗苗农庄，引导幼儿发现最后两块地的泥土很干，激发幼儿给它们浇水的愿望。

2. 基本环节

（1）对运水工具进行观察、感知（见图2-1）。

关键提问：你认识哪些工具？你用它来做过什么？还有哪些工具你没有见过？谁知道这个是用来做什么的？

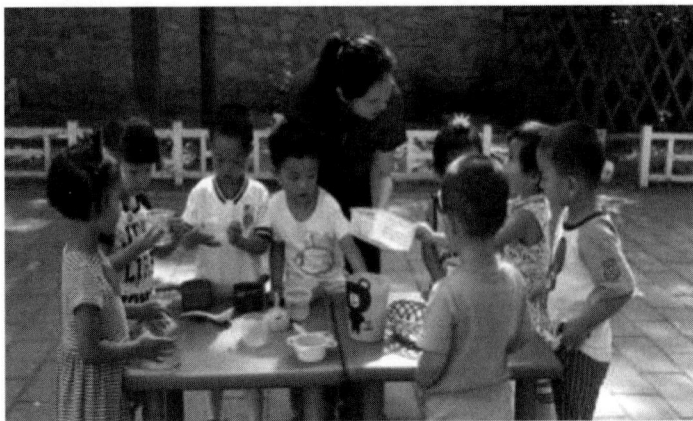

图 2-1 观察不同的运水工具

（2）选择运水工具进行猜想。幼儿每人选择一个自己认为可以运水的工具，集中分享。

（3）进行实验，尝试运水。幼儿进行操作探究，教师巡回观察指导。

关键提问：你选的什么工具啊？它能运水吗，为什么？试试看，还有没有其他工具也可以运水？

教师进行观察和指导，通过个别或小组提问，引导幼儿思考自己选择的工具为什么能（或不能）运水，尤其是引导幼儿对工具的外形进行观察分析，并鼓励幼儿选择更多的工具进行尝试。

（4）记录操作结果并进行集体分享。幼儿将操作材料进行分类，用实物直接记录结果。

（5）分享讨论能运水的工具。

关键提问：你们刚才都运水了，发现这些工具（小碗、水舀、水杯、小桶、小盆等）能运水，我们看看都有什么啊？这些工具（筛子、漏勺、漏斗、竹筐等）都不能运水，为什么？

3. 结束环节

教师鼓励幼儿选择自己认为能运水的工具来运水浇灌苗苗农庄，感受运水的乐趣和浇水的成就感。

三、活动反思

本活动运用 STEM 教育理念，根据小班幼儿年龄特点，尊重幼儿的具体形象思维，在"运水"的真实情境中解决问题，探究适合运水的工具，并知道其原因。整个活动过程中，教师着重带领幼儿动手实践和动脑思考，以期潜移默化地为幼儿将来具备工程技术素养打下基础。

专家点评

"运水"是非常典型的遵从"符合幼儿身心发育特点"这一中心思想的 STEM 活动。STEM 教育主张通过创设真实情境，以问题为导向，使幼儿更易于将知识与社会生活相结合，培养幼儿解决生活实际问题的能力。

"运水"活动在基本环节中，教师首先引导幼儿对运水工具进行观察、感知，之后鼓励幼儿猜想合适的运水工具，最后进行验证和分享讨论。在整个活动过程中，教师尤其注意幼儿所要解决的生活实际问题是其力所能及的问题。"运水"在 STEM 活动设计时，遵从活动内容及过程符合幼儿身心发育特点这一重要原则，尤其注意结合幼儿真实生活，遵循幼儿年龄特点，符合幼儿经验水平，是一个非常好的 STEM 活动案例。

（北京大学附属幼儿园园长　王燕华）

2. 融于主题游戏活动

游戏是幼儿的基本活动，教师应营造宽松的游戏氛围，提供丰富多样的游戏材料，保证充足的游戏时间，支持幼儿自由自主地与材料、同伴互动。在游戏中，幼儿往往能够自发生成符合他们兴趣的 STEM 活动。

（1）融于主题游戏的 STEM 活动是生成而非预设的活动

融于主题游戏的 STEM 活动应遵循"幼儿在生活中体验，在游戏中成长"的"做中学"理念，能尊重幼儿的兴趣、需要，促进幼儿的个性化发展。主题区域游戏中，幼儿的活动非常自主，幼儿可自主确定游戏内容。

（2）教师是幼儿持续探究的引领者

教师需要敏锐地捕捉幼儿游戏中蕴含的探究点，成为幼儿持续探究的引领者。在 STEM 活动案例 2-2 中，教师观察并敏锐捕捉幼儿的自主游戏初探的过程，正确分析判断幼儿的探究蕴含的STEM发展价值；支持幼儿实践想法，尝试挑战，支持幼儿收集各类适宜的轨道材料，创造机会让幼儿的游戏经验共享为集体经验。教师适宜的支持，不断推动游戏向更高水平发展。

（3）在活动中幼儿的综合能力获得个性化提升

在游戏情境中，幼儿与同伴自主分工设计搭建轨道，解决小球顺利滚动下落等问题。幼儿与同伴不断进行讨论、观察、比较、分析、实践、验证、调整、再实践，在这个循环往复的过程中，幼儿学会尊重同伴的见解，敢于表达自己想法，综合能力获得个性化提升。

（4）STEM活动主题源于游戏，回归生活

"过山车"是国内外中小学校较为常见的STEM活动主题，探索在幼儿园如何开展类似活动具有一定的现实意义和研究价值。STEM活动案例2-2主题选取源于游乐园的过山车项目中的过山车轨道，这个案例充分体现了STEM活动主题源于游戏，回归生活的特点。

STEM活动案例2-2：百变轨道游戏[①]

一、活动背景

在"我的身体"主题中，幼儿通过观看肺活量测量仪的使用过程和对呼吸、肺活量的讨论，自发决定通过一些吹气小游戏来比一比肺活量。在科学区中，教师为幼儿提供了乒乓球，两名幼儿的一场"吹乒乓球比赛"引发了"怎样让乒乓球不到处乱跑"的探究兴趣。伴随着探究的不断深入，幼儿为了不让乒乓球乱跑而设计的轨道游戏更是意外点燃了他们创设不同轨道、探究小球在轨道中运动路线的热情。

二、活动内容

（一）活动目标

（1）幼儿对感兴趣的问题能够持续探究并获得成功体验，获得有关物体运动、物体结构与材料属性等方面的粗浅经验。

---

① 案例设计与实施者：青岛市实验幼儿园陈晨老师。

（2）幼儿能够通过观察、比较与实验，大胆尝试解决游戏中遇到的问题；能够运用图画、符号等方式记录和表征探究的发现，并与同伴分享交流。

（3）幼儿能够倾听、采纳同伴的想法或建议，体验合作探究的乐趣。

（二）活动过程

1. 探究游戏一：怎样让乒乓球不到处乱跑

（1）场景一：总是掉落的乒乓球。

乐乐和铭铭在桌子上比赛吹乒乓球，马上就遇到了问题：乐乐的乒乓球直接从桌子上飞到了地上，铭铭一口气没吹到底就干脆一直吹。两个人不停地重复捡球、飞球、再捡球的动作。

乐乐说："我们的乒乓球总是掉到地上。"

教师说："那怎样才能让乒乓球不掉到地上呢？"

乐乐说："在终点那里放上东西把它挡住，乒乓球就不会掉了。"

教师说："你们的想法都很好，可以找材料试一试！"

两个人到制作区找来材料，把纸筒沿着两边分别剪开，制作成"U"形的轨道。制作后，两人再次比赛，果然增加了轨道以后，乒乓球没有到处乱跑，但同时也出现了新的问题：轨道中的乒乓球常常在中途就停下。

（2）场景二：在轨道中途停下的乒乓球。

乐乐提出疑问："为什么乒乓球在轨道中没有在桌子上跑得远？"

铭铭说："我吹气的时候轨道都散开了。"

乐乐说："我们摆的轨道有一些地方断开了，乒乓球就停下了。"

两个人根据发现的问题修改了纸筒轨道，将纸筒的边缘部分重叠在一起，继续比赛，但是有时候仍然会出现球中途停下的问题。到底是什么原因呢？

乐乐说："我发现了，后面的纸筒比前面的高，挡住了。"

原来乒乓球停下的地方，纸筒是后面一个摆叠在前一个纸筒上，导致乒乓球被后面凸起的部分挡住，所以就停止前进。

教师说："怎么可以让乒乓球在轨道中更顺畅地前进呢？"

乐乐说："我们可以把前面一个纸筒压在后面一个纸筒上。"

两名幼儿修改自己的轨道，乒乓球终于可以畅通无阻地前进啦！

（3）场景三：材料变化让乒乓球动起来。

轨道游戏引发了大家的游戏兴趣，幼儿每天都去挑战新的轨道创设方法。随着游戏的开展，轨道的设计也变得越来越复杂，出现了斜坡轨道、连续拐弯等富有挑战性的轨道，乒乓球可以在斜坡轨道中"自己"快速地滑到"目的地"。但幼儿发现，自己制作的纸筒轨道用起来有些不结实、不顺手。

第二天，大家带来了许多可以玩轨道游戏的材料：塑料管、大小和材质不同的圆球等。教师提供了半开和封闭两种不同的 PVC 管道。幼儿自然而然开始使用新材料进行全新的轨道游戏。

为了丰富拓展幼儿关于轨道的经验，教师带领幼儿欣赏了生活中多样的轨道。各种不同的轨道让幼儿对轨道的设计有了更多的想法，他们纷纷画出了自己设计的轨道图纸（见图 2-2）。

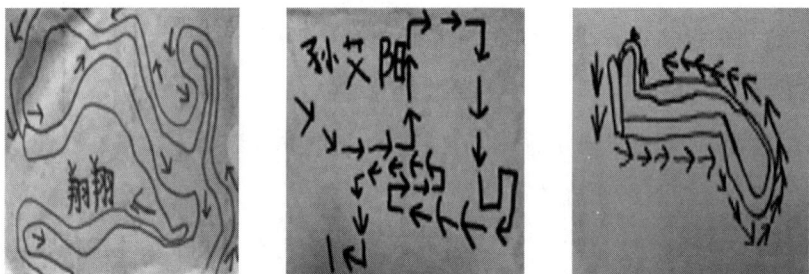

图 2-2　幼儿自主设计的轨道图纸

2. 探究游戏二：飞出去的小球

枞枞、涵涵、晟晟选择玩轨道游戏，经过前期对轨道游戏的探索，他们很快就搭建出轨道。枞枞使用乒乓球实验，当乒乓球穿过第三根轨道落下到第四根轨道的时候，球直接跳跃飞了出去。

枞枞把球捡回来，继续尝试，但是乒乓球几次都从轨道中飞了出去，几个人轮流试着调整轨道，依旧没有成功。幼儿有些着急沮丧，教师观察到这个状况后，引导他们一起开展讨论。

接下来，晟晟找到了和乒乓球差不多大的弹力球放了上去，弹力球快速顺着轨道滚了下来，但到了拐弯的地方却飞速弹了出去。枞枞拿起弹力球再次尝试，结果相同。

有了刚才的经验，几个人马上去改变接住的轨道，反复调整实验。多次的失败后，偶然一次弹力球顺利地通过并到达终点。在起点处放置球的涵涵发现：把第一根轨道微微抬起一点，弹力球就能顺利地到达终点。幼儿一起进行了验证：将第一根轨道抬高到不同的角度，弹力球都会从不同的地方飞出去；当抬到与刚才相同的位置时，就能顺利通过。

三、活动反思

教师通过一些开放性的提问引导幼儿聚焦关键问题，丰富关于生活中轨道的经验，帮助他们更好地进行生活经验的迁移，建立轨道与周围环境的联系。幼儿在自主探索轨道游戏过程中表现出发现问题、解决问题的综合 STEM 能力。游戏中幼儿获得了材料的特性、点数、测量、观察、比较、实验、斜坡重力等感性经验，能够有效支持后续学习。

专家点评

由林崇德、杨治良、黄希庭主编的《心理学大辞典（下）》一书给出了"主题游戏"的明确定义："儿童游戏的一种。模仿成人社会生活的游戏形式。多在幼儿园中、大班进行。儿童在游戏中模仿成人的生活、劳动、学习等，按照自己的构思和成人规定的游戏规则进行活动。可满足儿童渴望像成人那样参加各种社会活动的需求，有利于发展儿童的创造性、观察力和道德品质。"

融于主题游戏的 STEM 活动，是真实问题引发幼儿自主探究的过程。在"百变轨道游戏"活动过程中，教师敏锐的发现和有效的支持是幼儿持续探究的有力保障。游戏过程中教师运用了倾听幼儿的表达、帮助幼儿澄清或聚焦要研究的问题、引导幼儿运用多种材料大胆尝试自己的想法、适时向幼儿提出有挑战性的问题等支持策略。师幼之间共同展开有趣味的 STEM 活动意义重大。

（青岛市实验幼儿园园长　王正伟）

3. 侧重工程技术的项目式学习

项目式学习（project-based learning）是一种动态的学习方法，学界一般简称其为"PBL"。开展侧重工程技术的项目式学习的 STEM 活动，可以促使幼儿主动探索现实世界的问题。因为幼儿所掌握的知识和技能有限，我们应该选择贴近幼儿生活、过程有趣味、符合幼儿认知水平的工程技术的项目主题。

（1）项目主题生活化

项目主题的选择是我们开发 STEM 活动项目、设计 STEM 活动课程最重要的一步。教师应选取更加贴近幼儿生活的活动主题，并注意选择幼儿熟悉的生活场景。不同的幼儿园有不同的地域文化、不同的风土人情，所选择的项目主题也是大有不同的，这就要求我们要充分分析学情，才能选取更适合本园幼儿的 STEM 活动。

（2）项目实施趣味化

幼儿阶段项目式学习实施过程和方法要趣味化。教师应制定周密的项目学习实施步骤和方法，尽量做到活动实施过程激发幼儿的兴趣，进而增强幼儿主动学习的动机。

教师可以按照幼儿的不同特点，把他们分成若干项目小组，每个小组的幼儿经讨论推选一名小组长。幼儿通过共同讨论、设计、制作、测试、完善等过程，初步建立工程技术的前概念。

（3）项目内容专业化

为引导幼儿简单了解工程技术一般知识、提升动手操作能力，实现基于工程技术的项目式学习的教育目标，项目内容势必应专业化。此处的专业化也可理解为项目内容应该体现一定的符合幼儿认知水平的工程技术元素。

在幼儿阶段开展 STEM 活动时，运用基于工程技术的项目式学习的理念，对于幼儿建立初步的工程思维、初步掌握技术手段十分重要。STEM 活动案例 2-3 选取幼儿熟悉且感兴趣的活动主题，在开展项目式学习的时候注重设计与幼儿认知水平相符的项目任务，过程中充分体现了设计、改进、测试、再改进的工程思维的运用，是比较典型的基于工程技术的 STEM 活动。

STEM 活动案例 2-3：小船快跑 ①

一、活动背景

通过之前"我家住在大海边"主题活动的实施，幼儿认识了各种各样的船，了解了船的结构、功能和用途。他们对小船的航行产生了浓厚的兴趣，不停地讨论关于小船航行的话题。

二、活动内容

（一）小船的诞生

幼儿从家里搜集来了各种各样的材料，如矿泉水瓶、纸壳、泡沫块、圆木块等。有的幼儿还从美工区拿来一些纸杯、纸盘、冰糕棍等。幼儿自动分成小组开始了他们的"造船工程"。

（二）第一次试航

大家一起来到幼儿园大门处的水池旁。一路上，有的幼儿手里拿着的小船已经快要散架了。比赛在热烈的气氛里开始了，结果只有一只小船完好无损地到达了终点，其他小船都"牺牲"了。

回到教室后，大家一起讨论了小船"牺牲"的原因。

（三）小船大改造

针对第一次航行出现的问题，幼儿在科学区进行了小船的改造（见图2-3）。有了第一次航行的经验，这一次，幼儿都选择了矿泉水瓶、圆木块、泡沫块等材料进行第二次试航小船的制作。他们认真细致地研究如何将小船变得更加牢固。

---

① 案例设计与实施者：青岛西海岸新区第一幼儿园臧晓宇老师。

图2-3 改造小船

（四）第二次试航

比赛正式开始了，幼儿采用了各种各样的方法来让小船到达终点：有的在后面拨水推动小船前行，有的滋水带动小船前行，还有的用蒲扇扇风推动小船前行（见图2-4）。幼儿发现，原来是风吹动了水流将小船冲回了起点。通过集体分享环节，幼儿知道了逆风行驶需要借助外力。

图2-4 小船试航

（五）电力小船跑得快

考虑到幼儿平时在家对电动赛车兴趣比较高，同时为了推动幼儿小船航行的下一步探究活动，进一步激发幼儿的探究兴趣、培养幼儿的探究精神，教师带来了一艘电力小船，电力小船瞬间引起幼儿继续探究的欲望。

航航说："电池里的电会让螺旋桨快速转动，帮助小船快速到达终点。"

豆豆说："电力小船转起来会让周围的水流动，带动旁边的船行驶得快。"

乐乐说："小船有电，遇到水后会断电。"

涵涵说："水遇到电会着火。"

幼儿将教师带来的电力小船放进水盆中进行了初步的验证。

针对幼儿的一系列问题，教师鼓励大家制作一些电力小船，然后一起去水池看看会发生什么有趣的事情。

可是幼儿园没有小电机怎么办？有的幼儿提出可以把家中玩具上面的电机拆卸下来，有的幼儿提出可以借助废旧材料，于是幼儿纷纷回家想办法制作电力小船。第二天，他们带来了各种各样的电力小船。每天早入园的幼儿总要到科学区围观大家的电力小船，并且喋喋不休地讨论。

在电力小船比赛的过程中，幼儿发现自己的电力小船遇到很多的问题，比如电池会掉出来、电池进水了、电线断了等。大家共同遇到的一个问题是：小船行驶不快，并且老是在原地转圈，无法实现转向。幼儿讨论出的解决方法是：加长螺旋桨，加多螺旋桨。

针对自己小船出现的问题，幼儿提出了维修计划，比如将电池固定住、加长螺旋桨、加多螺旋桨等。同时，教师及时将电力小船的情况反馈给家长，感谢家长对幼儿的支持。

随后，幼儿带着维修后的电力小船再次航行。

三、活动反思

在制作小船和航行的过程中，幼儿一次次遇到的问题都是推动他们深入探究的关键点，在一次次的探究中，他们解决问题的思维方式也在不断地发现问题、解决问题、反思总结的过程中得到了锻炼。

教师选择项目式学习的 STEM 活动主题应该是幼儿非常感兴趣的，这样更有利于激发幼儿的探究热情。幼儿从体验制作小船到小船航行的完整的学习过程，充分体现了项目式学习的 STEM 活动可以很好地培养幼儿科学探究的精神。

4. 源于幼儿身边的真实世界

　　陈鹤琴先生早就指出："大自然、大社会是我们的活教材。"幼儿园教师设计的不同类型的 STEM 活动，实质上都应源于幼儿身边的真实世界。

　　（1）营造真实教育环境的原则

　　幼儿园开展 STEM 活动要注意营造真实而丰富的教育环境。营造真实而丰富的教育环境应围绕"培养幼儿解决真实世界真实问题的能力"的原则。幼儿眼中真实而丰富的教育环境可以是对自然事物的观察，也可以是来自实际生活的问题。

　　活动中提出的问题都应该是真实的，而且这些问题通常是教师不知道具体答案的，如"你觉得这种气味如何？"。真实的问题能引导出愉快的交流，同时成人和幼儿还可分享各种想法，共同掌握学习过程。

　　（2）培养合作和协商的意识

　　幼儿在游戏过程中均是自主自发的探索、分工合作，幼儿经过协商可分成施工队、设计队等不同职业角色进行体验。在实际操作过程中，教师应突出协商、合作要素，注重引导幼儿积极主动地与材料互动，特别是遇到困难时要引导其学会寻求同伴的帮助，合理听取同伴的意见和建议，以共同合作来完成作品。

　　社区既是幼儿居住生活的地方，也是幼儿十分熟悉的地方。充分利用社区丰富的资源和家长资源，让幼儿走进真实的世界，是幼儿园开展 STEM 活动的重要途径之一。STEM 活动案例 2-4 围绕幼儿身边真实世界的真实问题，引导幼儿观察生活中的社区，并动手搭建自己心中的社区，在此过程中促使幼儿认识各种材料，建立初步的工程技术概念，整个活动充分运用了 STEM 教育理念。

STEM 活动案例 2-4：小社区·大建构 ①

一、活动背景

《指南》指出："要充分尊重和保护幼儿的好奇心和学习兴趣，帮助幼儿逐步养成积极主动、认真专注、不怕困难、敢于探究和尝试、乐于想象和创造等良好学习品质。"《幼儿园教育指导纲要（试行）》提出："教师应成为幼儿学习活动的支持者、合作者、引导者。"幼儿围绕"我居住的社区"开展了一系列的主题活动。在放学后和周末的时间，幼儿带着"社区调查"工作纸，去仔细观察和了解自己的社区，并在每天的"新闻小主播"活动中播报自己的社区。幼儿对自己生活的环境有了关注和细致的观察，他们发现社区有自己的名称，它由好几个小区组成，其中居住区的楼房高矮是不同的，社区还有游乐场、医院、商场等。有了前期经验的积累，幼儿开始萌生要在幼儿园里搭建一个小社区的想法，于是他们开始讨论、协商、分组、做计划、画设计图、搭建。

二、活动内容

（一）活动目标

（1）幼儿能够合理地想象与创作，用建构的基本技能（平铺、延长、垒高、盖顶、围合、架高等）搭建出各种造型。

（2）幼儿能够结合生活探索周围世界，进行项目式学习的体验和探究并从中感受快乐。

（3）幼儿能够通过多角度地感受周围环境，增强对自己周围社区的

---

① 案例设计与实施者：芜湖市城北实验幼儿园刘春华老师。

热爱。

（二）活动重点

幼儿能够找到合适的材料搭建自己设计出的建筑物。

（三）活动难点

幼儿在活动过程中能够主动思考，想办法解决困难，尽量不求助教师。

（四）活动准备

（1）幼儿对自己居住的社区环境有深入的了解，有一定的建构经验。

（2）幼儿填写过"社区调查"工作纸，做过社区的"新闻小主播"（每天有一名幼儿带着自己和家长提前准备好的幻灯片内容来介绍自己居住的社区，图文结合，就像主持人播报新闻一样，所以叫"新闻小主播"）。

（3）各种黏性加固材料、小剪刀等。

（五）活动过程

1. 活动导入

请幼儿带着自己的"社区调查"工作纸，介绍自己所在的社区的名称、社区包含了哪些小区、自己居住的小区有多少栋楼、小区每栋楼有多少层等。

2. 设计社区的马路，萌生建构社区的想法

关键提问：我们观察社区的时候，发现马路有什么不同？

幼儿通过科学活动，开始探究社区马路的不同形状、路与路之间的联通关系、马路的不同宽度等。

3. "工程师爸爸"进课堂，幼儿做计划、明确分工（见图2-5）

图2-5 "工程师爸爸"进课堂

由于幼儿经验匮乏，但是兴趣又很浓厚，教师找了一位当工程师的爸爸来给幼儿讲工程活动专题，请他将自己工作过程的照片、视频等给幼儿分享。幼儿看过后就开始讨论，"我们得有设计师来设计建筑方案，然后交给施工队来施工"。他们开始分配工作，认为需要五名"设计师"。"施工队"的任务多，所以需要更多的人，那么剩下的人都参与"施工队"；"施工队"还需要分成很多组，去分别负责不同部分的搭建。

"设计师们"开始拿着纸讨论着、画着，但是很快，他们发现了一个很重要的问题：社区是个整体，它应该有个整体布局图，而不是一个个独立的设计图，因为建筑物的高度、大小都应该是有要求的。所以，他们又调整设计思路，换了一张教室里最大的纸来画。

幼儿通过活动学会全面思考、整体布局，能够将建筑物之间的前后左右关系、遮挡关系等表征在平面图画上。

4.找材料，搭建社区

（1）用什么建房子？

幼儿在校园里找来了许多大大小小的纸盒，你拿一个、我拿两个地搬着，他们认为这是合适的搭建材料（见图2-6）。

图2-6 幼儿搭建自己的社区

（2）房子怎样才能搭得高？

几名幼儿想用纸盒垒叠的方式搭建一座很高很高的楼，但是他们发现超过一定的高度，楼房就会倒。一名幼儿说："最下面要放一个最大的盒子，然后放一个小一点的架在上面，再放一个更小一点的在上面，这样就不会倒了。"另一名幼儿说："我们没有你说的那样的盒子，我去跟别的组换纸盒去。"

（3）材料不够怎么办?

幼儿很有成就感地站在那里欣赏着自己的作品，突然一名幼儿拿着设计图说："我们的社区里还没有超市、医院和幼儿园呢。"幼儿忙忙碌碌地对照着设计图又开始堆叠、垒高、架空、延长等，大大小小的积木块成了他们手中的魔法砖，不一会儿就搭好了。一个小社区就这么摆在大家眼前了（见图2-7）。

图2-7 社区搭建完毕

三、活动反思

本活动运用STEM教育理念，再通过项目式学习的方法深入探究。当幼儿有着强烈探究欲望时，教师追随幼儿兴趣，帮助幼儿梳理和总结经验。在实际操作的过程中也是问题不断，但是幼儿积极思考、努力合作并能够听取同伴的意见，最后共同完成了整个搭建活动。纸盒、积木这些简单的低结构材料，取材方便、可塑性很强，是非常适合做建构的材料，在幼儿的手中，它们就能变出各种神奇的东西，玩出大花样。

5. 巧用绘本创意表达

兴趣是最好的老师，巧妙利用幼儿喜欢阅读绘本的特点，依托 STEM 教育理念设计幼儿感兴趣的相关活动，是幼儿阶段开展 STEM 活动的重要形式之一。

（1）巧用绘本开展 STEM 活动

通过阅读童话故事、科学幻想、动植物、工程技术等内容的绘本，幼儿可以在阅读过程中学习到很多知识。幼儿可在图书区展开绘本故事制作活动来满足自己的创作表达需要，同时这个区的创设也为幼儿故事表演活动提供了良好的空间支持。

（2）建议活动流程

在幼儿已熟读相关绘本的基础上，教师可以这样设计基于绘本的 STEM 活动流程：首先让幼儿装订绘本，之后鼓励幼儿以小组为单位创作他们自己的绘本；各个小组的幼儿将他们创作的绘本画出来，并在全体幼儿面前讲述自己的绘本；请幼儿表演自己创作的绘本故事。

（3）基于绘本的 STEM 活动的意义

在装订绘本的过程中，幼儿可以学会如何使用订书机、剪刀等工具，了解书籍制作的一般步骤。

在绘制绘本的过程中，幼儿通过团队协作，将自己的创意用绘画的形式表达出来。

在表演绘本的过程中，幼儿需要将各种感官、各种经验进行积极配合。一个良好的故事表演活动不仅可以促进幼儿语言能力、动作表现能力、社会交往能力、审美能力、想象和创造能力等多方面能力的综合发展，还可以促进幼儿开朗、自信、合作等良好品质的形成。

基于绘本的 STEM 活动不仅局限于单纯鼓励幼儿阅读绘本，而且还鼓励幼儿动手自制绘本、讲解绘本、表演绘本。STEM 活动案例 2-5 实施过程张弛有度，活动内容设计完整，充分体现了科技与艺术融合的 STEM 活动的特点，以及巧用绘本创意表达的教学思想，是基于绘本开展 STEM 活动的典型案例。

STEM 活动案例 2-5：创意绘本 [①]

一、活动背景

在日常的生活及教育教学活动中，教师通过观察发现幼儿非常喜欢绘画，也比较擅长用画笔来表达自己的想法。图书区作为幼儿园常见的活动区角，由于其环境的舒适性、活动内容的多样性、材料的丰富性深受大班幼儿的喜爱。因此，教师组织了这次活动，请幼儿自己创作一本绘本故事，再将它表演出来。

二、活动内容

（一）活动目标

（1）幼儿能够了解绘本由封面、故事内容、页码、封底、作者等组成，并学会绘本制作的基本方法。

（2）幼儿能够有一定条理地讲述自己的绘本故事，能自主选择角色

---

① 案例设计与实施者：西安航天城第二幼儿园代威老师。

进行表演。

（3）幼儿愿意参与绘本表演活动，能够增强对于绘本制作与绘本表演的兴趣。

（二）活动重点

幼儿自主选择喜欢的绘本进行自制和表演。

（三）活动难点

幼儿能够有条理地讲述绘本故事，声情并茂地诠释绘本角色，喜欢绘本表演活动。

（四）活动准备

（1）经验准备：幼儿有一定的绘画能力及想象能力。

（2）物质准备：医生服装、小兔子服饰、大牙刷、放大镜、牙齿模具、糖果、绘本图书、沙发、抱枕、帐篷、彩色卡纸、订书机、画笔等。

（五）活动过程

小A、小B、小C、小D、小E等八名幼儿对自制绘本小书特别感兴趣，他们自发建立一个小组，连续好几天都选择此游戏，引发了许多探究活动。

1. 第一次游戏：操作体验，制作绘本故事（见图2-8）

图2-8 幼儿制作绘本

自制小书其实并不困难。区域游戏开始后，幼儿自行选择材料，如不同颜色的卡纸、胶水、剪刀等。幼儿初次体验自制绘本小书，他们沉浸在制作的过程中，在一次次的装订制作中，通过剪、贴、画等方式装订好一本本自制的册子。

小书装订好就可以开始画绘本了，幼儿根据自己的喜好自行选择绘画内容。小 A 和小 B 都喜欢《植物大战僵尸》，于是他们经过商量，小 A 绘画《植物大战僵尸1》，小 B 绘画《植物大战僵尸2》；其余的孩子都选择了自己最喜欢又熟悉的故事，比如《小红帽》《三只小猪》《恐龙的故事》等。

在此过程中教师只是为幼儿提供了材料，幼儿自己动手装订，独立思考自制小书的内容，以及如何排版、绘画等。

2．第二次游戏：分享阅读（见图 2-9）

图 2-9　绘本分享阅读

小 A 主动阅读自己制作的故事。她制作的小书是《植物大战僵尸1》，她首先介绍小书的封面以及故事的主角僵尸，接下来用丰富流畅的语言讲述了故事内容。她介绍每一页的开头时都会用这样的语句："第一天到来了""第二天又是比昨天更新的一天""第三天是比第二天还要新的一天"……

大家为她的精彩讲述鼓掌。接下来，幼儿都跃跃欲试想分享自己的故事，在一片你争我抢的状态下，小 D 想了个好办法——"石头剪刀布"。于是大家开始采取这样的方式来决定谁先讲故事，最后小 B 赢了，于是小 B 开始分享故事。

教师始终在一旁观察，并未干涉，幼儿不仅能够用丰富而有童趣的语言完整讲述故事，出现争执时还有一名幼儿充当"小老师"解决了问题。

3. 第三次游戏：我爱表演（见图 2-10）

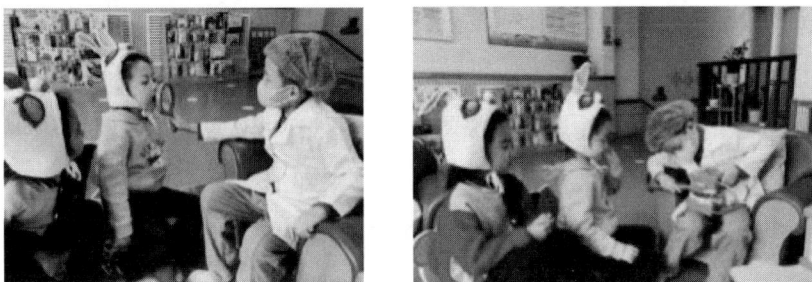

图 2-10　幼儿表演绘本

　　经过第一次和第二次的游戏活动，幼儿对自己制作的绘本非常感兴趣，会主动翻看新投放的自制绘本，并愿意和本区域的幼儿共同探讨绘本内容。

　　这时，教师说："小朋友们，你们制作了这么多有趣的绘本，不如我们把这些故事表演出来吧，那我们要表演哪个故事呢？"此时幼儿纷纷同意，开始讨论故事内容。小 A 说："表演《小孩和大鱼》吧！"小 B 不同意："咱们没有渔网，也没有大鱼，怎么表演？"小 C 说："那就表演《三只小猪》，咱们需要先盖房子，用泡沫搭建草房子，木块搭建砖头房子……"小 D 提议："表演《小兔子看牙医》，我们表演区有医生的服装，也有牙齿的模具，还有小兔子头饰呢。"经过一番激烈讨论，他们一致同意表演绘本剧《小兔子看牙医》。

　　他们选择了小 E 制作的绘本《小兔子看牙医》，开始根据绘本内容分角色，幼儿扮演的角色分别是：小兔子、小兔子妈妈、牙医、旁白部分。幼儿商量好各自的角色以后，就开始在表演区选择演出服对自己所承担的角色进行装扮，装扮好以后开始进行各自的表演。

4. 小结

　　第一轮的表演中，绘本作者小 E 充当旁白部分，她最熟悉自己的故事，为其他角色的幼儿讲故事内容，告诉他们分别要说什么台词。第一遍大家对台词还不是太熟悉，而且只有台词，没有肢体动作，小 E 不满意。待第二轮时，她提出了自己的想法。很快，幼儿说台词的时候能够加入一些肢体动作。这个游戏活动他们一共表演了三遍，每一遍都在前一遍的基础上进行了改进。

幼儿在游戏结束后进行了分享小结，大家讲了各自在活动中的想法以及绘画的过程，提出自己最喜欢的是哪个环节：小 A 喜欢分享阅读，小 B 喜欢制作、绘画，小 C 和小 D 擅长表演，小 E 对搜集道具感兴趣。教师肯定了幼儿的整个活动过程，对幼儿进行了表扬认可。

教师的支持主要体现在当幼儿不知道如何继续游戏时，教师提出想法，"不如我们表演故事吧"，引发幼儿又一次的头脑风暴，选择什么内容还是幼儿自己商量决定，最后他们选择了道具最好准备的故事《小兔子看牙医》。教师在活动小结时再次肯定了幼儿，提升了幼儿的绘本表演经验。

后续，教师准备提供更多的材料让幼儿制作小书，形式可以更加丰富多彩，如立体书、布书等；分享阅读的形式也可以多种多样，如分角色朗读、配乐朗读等；道具的制作可以加长课时，让幼儿体验合作、探索、操作的过程；幼儿在表演时，还可以请观众来欣赏。这样做的价值在于提升幼儿的动手操作能力、语言表达能力、独立思考能力、戏剧表演能力。

三、活动反思

基于 STEM 教育理念，幼儿通过区域探索体验，在第一次游戏的基础上生成第二次游戏，第二次游戏基础上再生成第三次游戏。游戏活动中幼儿运用各种材料制作小书，通过想象、思考、创作，把自己的想法跃然纸上，经过沟通、协商、探讨进行角色分配，体验故事表演的乐趣。幼儿这种再现的过程本身对于他们来说是多种能力的学习和锻炼的过程，也是幼儿获得各种学习经验的过程。

（三）幼儿园开展 STEM 活动的优势

1. 师资专业优势

幼儿园开展 STEM 活动具备先天和后天两大得天独厚的师资专业优势。

先天优势：幼儿园教师给大众的印象大多知识面广、能歌善舞、多才多艺，这源于学前教育专业对幼儿园教师培养的现实要求，也促使幼儿园教师本身就具备"STEM 人才"的基本素质和先天优势。

后天优势：学前教育专业的学生毕业从教后，便遵从《幼儿园教育指导纲要（试行）》中五个领域相互渗透和整合的要求，展开促进幼儿全面协调发展的教育教学工作，这个过程本身就是一种 STEM 教育教学活动。

2. 家园共育优势

基于幼儿身心发展特点，家庭和幼儿园形成合力，家园合作、家园共育是顺利开展幼儿 STEM 教育的一条有效途径。

伴随当今科学技术的高速发展，通过信息化手段的运用，可以非常便利地让幼儿在幼儿园和家庭的不同场景下，开展相同和不同主题的 STEM 活动。开展何种主题的 STEM 活动主要基于学情实际、活动目标、家园背景等因素而定。

3. 课时灵活优势

幼儿园的课时相比中小学校具有非常明显的灵活性，它没有中小学校课时紧张的困境，利用半日活动、一日活动等大块的时间，可以充分开展相关的 STEM 活动。

4. 空间环境优势

幼儿园班级的功能主要体现在生活功能、教育功能和社会功能三个方面。幼儿园班级的幼儿人均物理空间较大，一般分为生活区、活动区、授课区等，空间环境的特点适于开展以动手操作为主的 STEM 活动。

5. 教学资源优势

幼儿园一般都有专门的科学发现室或其他相关功能室，功能室中的很多教学资源非常适合开展 STEM 活动。运用 STEM 教育理念"盘活"幼儿园现有的教学资源，一方面可以使幼儿园有快速开展 STEM 活动的资源优势，另一方面也是充分利用现有教学资源的有益尝试。

6. 活动经验优势

幼儿园的很多教育教学活动均有 STEM 活动的影子。例如，科学探究、工程实践、科技主题等常规活动，都有鲜明的 STEM 活动特征。通过加深幼儿教师对 STEM 教育理念的理解，可以更好地促进教师在常规的活动中总结新的经验，进而更好地开展 STEM 活动。

（四）幼儿园开展 STEM 活动的注意事项

1. 加强对幼儿教师的培训

目前，幼儿园刚刚开始尝试开展 STEM 教育，很多幼儿教师对 STEM 并不了解。虽然幼儿教师具备开展 STEM 活动的"专业优势"，但加强教师的 STEM 培训依然非常重要。

2. 重视理论与实践相结合

幼儿园不缺少 STEM 活动的实践，但非常缺少相关的理论研究。加强 STEM 理论知识方面的培训，不单单可以更好地促进幼儿教师成长，还可通过理论与实践相结合，形成幼儿园自己的 STEM 课程体系。

3. 提高活动实施的安全意识

3—6 岁幼儿的安全意识还没有完全建立起来，STEM 活动的过程中往往需要幼儿使用一些工具，这需要教师进一步提高活动实施的安全意识，确保活动中幼儿的人身安全。

二、中小学生 STEM 活动

从 STEM 教育理念发展历程的视角来看，美国从本科阶段率先启动培养 STEM 人才的相关计划，是基于自身国情和学情等诸多方面的实际考虑。目前，我国中小学阶段非常重视 STEM 活动的开展，这有利于为 STEM 教育的开展夯实基础，更有利于培养出未来的STEM人才。

（一）中小学阶段是开展STEM活动的重要时期

在中小学阶段，学生知识与技能不断积累，认知水平逐步提高。中小学阶段是提升思维能力的最佳时期，也是开展STEM活动的重要时期。

普通高中开设语文、数学、外语、思想政治、历史、地理、物理、化学、生物学、技术（含信息技术和通用技术）、艺术（或音乐、美术）、体育与健康科目和综合实践活动、劳动等国家课程，以及校本课程。高中学生积累了一定的学科知识，掌握了一定技能，开展合适的STEM活动可提高他们综合运用知识、创造性解决问题的能力。

（二）中小学阶段开展STEM活动的几个难点

1. 缺少政策支持

相关教育法规或文件中虽有一些提倡在中小学阶段开展STEM教育的表述，但离实际在学校"落地"还有一定距离。相关配套的政策、资金、师资、评价仍亟待完善，尤其是课程标准的制定、STEM教师的职称评定均处于"悬而未决"的状态。

目前，STEM教育在中小学校虽"火"，但实际上还只是少数学校的"虚火"，尤其是综合实力非常强的学校的"小众行为"。所以相关的政策支持，不但是在中小学校开展STEM活动必须要解决的实际问题，而且也是亟须解决的首要问题。

2. 缺少活动时间

中小学阶段，尤其是初中到高中阶段，缺少开展 STEM 活动的必要时间。

目前，部分学校开展 STEM 活动都是利用科技节、社团课、校本课程、课后服务的时间。

3. 缺少资源整合

困扰中小学校开展 STEM 活动的另一个困难是缺少资源整合的机制和条件。STEM 活动本身的特点决定了，要想开展好活动，必须要有各方资源的支持。这些资源包括硬性的物理环境和软性的社会资源。

中国教育科学研究院发布的《中国 STEM 教育白皮书》，呼吁吸纳更多的社会力量协同开展 STEM 教育创新。STEM 教育的内涵很丰富，涉及人才培养、社会活动、各级各类教育、产业等多方面，覆盖人群全口径，因此，STEM 教育的实施必须是全社会共同参与。政府、企业、高校、研究机构、学校、社会团体，甚至包括军队，都与 STEM 教育密切相关，均能从不同角度贡献自己的力量，以保证 STEM 教育从政策到内容的研发，从活动组织到内容实施都能得到相应的支持和落实。而且 STEM 教育自身也是不断发展变化的事物，它打破了原有的行业、机构间的条块分割，贯穿了教育自身纵向的断裂，在内容和形式方面也与原有的传统学习方式不同，是不断更新的创新实践。STEM 教育的实施过程既有互联网的互通互联、分享、众创的特性，又聚集了一批"双创"（大众创业、万众创新）企业，所以 STEM 教育是全社会共同参与的教育创新实践。

（三）中小学阶段 STEM 活动的六个特征

1. 注重激发学习动机

STEM 教育可有效避免传统"填鸭"式课堂教学的弊端，最大限度地激发学生主动学习的动机；STEM 活动可改变分科教学零散的知识结构体系，促进学生形成系统的知识结构。

陶行知先生曾说过：行是知之始，知是行之成。STEM 活动是学生综合运用所学各学科的知识解决实际问题的过程，是"学以致用"的过程。STEM 活动还有一层重要的意义——"以用促学"，这也与有意义学习理论相契合。

2. 注重与学科教学结合

在中小学开展 STEM 活动应该注重与学科教学相结合。STEM 活动离不开各学科教师的协同参与，尤其是一些活动项目本身就需要综合运用多个学科的知识。

各学科的教师可以在参与 STEM 活动的过程中更深入地了解 STEM 教育理念，进而促进本学科的教学。STEM 活动与学科教学相结合实则是一个双向的过程，STEM 活动需要各学科的知识作为基础，各学科的知识需要掌握 STEM 教育理念作为催化剂。

3. 注重思维能力提升

STEM 活动，尤其是 STEM 竞赛，设计的初衷都非常注重学生思维能力的提升。从 STEM 活动开展的意义层面来说，STEM 活动主要是学生运用知识解决问题的过程，以学生思维能力的提升为首要任务。在 STEM 活动实施的过程中，提升思维能力比学习知识更重要。

4. 注重解决真实的工程问题

培养学生像工程师一样思考的重要手段，就是预设真实的工程问题给学生来解决。很多时候，教师预设的问题只是看起来很真实，实际上离学生很远，让学生一眼便看出来是假问题，自然无法激发学生解决问题的内驱力。在开展 STEM 活动的过程中，教师一定要注重给学生提供真实的工程问题，最好是引导学生主动发现他们身边需要解决的工程问题。这样做一方面可以满足预设问题为真实的需要，另一方面也可以提升学生发现问题的能力。

5. 注重科技创新能力培养

STEM 活动的设计应注重培养学生的科技创新能力。在中小学校开展相应的 STEM 活动，可以有效提升学生的科技创新能力，进一步激发学生的创新潜能，为我国构建创新型国家储备未来的创新人才。

6. 注重非智力因素评价

STEM 活动注重非智力因素的过程性评价，看重学生在项目执行过程中的参与程度、与同伴的配合、沟通表达能力、阅读理解能力、自我学习能力、领导力、创造力等方面的表现。最后的结果是评价的参考，但对错不是评价的唯一标准。

STEM 活动注重非智力因素评价，是改变唯分数论成败的一种积极尝试和探索。

三、教师 STEM 活动

本书尝试从实施主体的角度对 STEM 活动进行分类，前文介绍了幼儿、中小学生两类重要的活动实施主体。此外，编者认为参与 STEM 教育教学实践活动的教师，也是极其重要、不能忽视的一类 STEM 活动实施主体。教师 STEM 活动主要包括 STEM 教科研活动、STEM 教师竞赛、STEM 教师培训三种形式。

（一）STEM 教科研活动

1. 教师参与 STEM 教科研活动的意义

教师参与 STEM 教科研活动，是知其然且知其所以然的重要过程。通过 STEM 教科研活动的引领，教师研究透 STEM 为何物，才有可能更好地开展 STEM 教育教学实践活动。

2. 教师如何开展 STEM 教科研活动

2018 年至 2022 年，来自全国 20 余个省区市的上万名教师参与了中国教育科学研究院 STEM 教育研究中心发起的"中国 STEM 教育 2029 行动计划"，教师累计申请课题 700 余项。

此外，各省区市依托"中国 STEM 教育 2029 行动计划"的课题科研框架，分别开展了各地方教科研部门组织的 STEM 课题相关申请工作。这些做法有效地促使更多学校有机会参与 STEM 教科研活动，也充分彰显了"中国 STEM 教育 2029 行动计划"的科研引领作用。

3. STEM 教科研成果的呈现形式

（1）发表学术论文

STEM 教育在我国刚刚起步，学术研究需要有一线教师的声音。因为 STEM 教育的践行者是我们众多一线教师，所以真正的 STEM 教育专家应该是在教学一线的环境中孕育出来的。教师的教学实践上升到科研的理论高度，是需要通过发表学术论文等途径来实现的。

（2）出版教育专著

目前，部分中小学校的 STEM 教育教学成果以出版专著的形式得以呈现。这些教育专著大多以学校 STEM 校本课程案例集的形式出版发行，对于想开展以及正在开展 STEM 教育的学校都具备一定的借鉴意义。随着 STEM 教育在学校的深入开展，一定会有更多关于教师培养、环境创设、教学评价等方面的 STEM 教育专著产生。

（二）STEM 教师竞赛

1. 开展 STEM 教师竞赛的意义

教师既是 STEM 竞赛的指导者，也是 STEM 竞赛的参与者。STEM 教师竞赛与 STEM 学生竞赛具有一个相同点，即二者都可作为评价 STEM 成果的一种显性手段和方法。举办 STEM 教师竞赛，一方面可以展示 STEM 教师的教学能力和水平，另一方面也可以促进 STEM 教师培训的开展。

2. 发起 STEM 教师竞赛

2021 年 4 月，由中国教育科学研究院主办的第四届中国 STEM 教育发展大会，在形式上创新性地引入线上线下融合和教师深度参与式的组织流程。该届 STEM 教育发展大会包含未来生活、现代能源、新农业、深空探测和人工智能五大主题情境，采用线上线下相结合、项目式学习、课堂实践相结合的方式，通过专家指导，建立学习共同体，实现教练陪伴式成长、无边界学习，促进师生共同成长。

在 7 个月的时间内，大会通过四轮挑战任务对教师进行培训和筛选，最终选出数十名第二批 STEM 种子教师。大会除了提供学习资料供教师自学完成挑战任务之外，还邀请多位中国科学院的科学家、高科技企业的工程师、资深 STEM 教育专家、首批 STEM 种子教师共同组成"导师团"，在线上和线下对晋级教师进行指导。

（三）STEM 教师培训

1. 有据可依地开展培训

为促进 STEM 教师能力提升，中国教育科学研究院 STEM 教育研究中心制定了《STEM 教师能力等级标准（试行）》。基于国际 STEM 教育发展经验，结合我国教育发展现状，《STEM 教师能力等级标准（试行）》建立了包含 5 个维度、14 个类别、35 条内容的 STEM 教师能力指标体系。目前，国内尚没有更权威、系统的 STEM 教师能力标准，该标准是我们开展 STEM 教师培训的重要依据。

2. 示范先行的培育模式

2018 年至 2020 年，中国教育科学研究院 STEM 教育研究中心联合各地 STEM 教育协同创新中心，采用各地推荐和专家评审的形式，选拔出的 80 多位优秀教师成为"中国 STEM 教育 2029 行动计划"首批 STEM 种子教师。加强 STEM 种子教师能力的提升，进而依托种子教师带动更多的教师，是选拔种子教师的主要初衷，也是示范先行的 STEM 教师培育模式的一种创新尝试。

2018 年 11 月 12 日至 15 日，中国教育科学研究院 STEM 教育研究中心联手英国皇家研究院，在重庆举办了以"STEM 教育的创新学习模式"为主题的首期 STEM 种子教师培训活动。

2019 年 5 月 8 日至 10 日，中国教育科学研究院 STEM 教育研究中心联合英国国家 STEM 教育中心、北京市海淀区教师进修学校，在清华大学附属中学举办了以"心之所向，行必能至"为主题的第二期 STEM 种子教师培训活动。

3.STEM 教师培训实例

教师是 STEM 教育理念的真正践行者，是 STEM 活动的实施主体，也是 STEM 活动的主要设计师、策划者、实施者。尝试构建立体化的 STEM 教师活动模式的启发，来自编者亲身参与的一次 STEM 教师培训活动。

（1）活动背景

2020 年 12 月 25 日，为探索航天类主题特色 STEM 教育与学科教育深度融合路径，实践区域 STEM 教师专业发展路径，研究科学与工程实践中的数据素养养成策略，由中国教育科学研究院和北京教育学院指导、北京市海淀区教师进修学校（以下简称"海淀进校"）主办、清华大学附属中学（以下简称"清华附中"）承办的海淀区航天类 STEM 课程教学研讨清华附中展示课暨教师培训工作坊在清华附中本部圆满举办。本次活动是 STEM 教育协同创新中心率先引导、领航学校积极参与、种子教师作为培训专家进行示范的一次 STEM 教师研修活动的创新尝试。

参加人员包括海淀区 STEM 领航学校与幼儿园、种子学校与幼儿园的管理人员及 STEM 骨干教师，"气动火箭"课程研讨小组中的学校教师，各地 STEM 项目学校代表。活动由海淀进校创新教育研究中心陈咏梅副主任策划与主持。

（2）活动内容

本次活动包括三个主要环节：教师培训工作坊、展示研究课、专家点评指导。活动采取"现场会 + 线上直播"的形式。

第一个环节为教师培训工作坊，由主讲教师带领参训教师以学生视角进行学习活动体验，理解气动火箭内容在课程中的功能与价值；体验气动火箭发射系统的搭建过程，进行火箭发射测试，从定性角度和数学模型角度对工程过程进行描述、解释、设计；开展小组讨论，进行总结归纳，以教师视角提出课程开展方案和装置改进建议。

第二个环节为展示研究课，教师引导学生进行提出问题、猜想与假设、建立和使用模型、设计实验方案、收集实验数据、分析论证、交流评价等科学探究的过程。课程巧妙地将科学探究与工程实践进行有机融合，通过多学科融合创新教学实践，引领学生以项目式学习方式，在复杂问题解决过程中重构知识关联，形成系统思维和创新思维，进而发展核心素养。

第三个环节为专家点评指导，专家从活动形式、活动内容、活动意义等多个角度进行了点评。专家指出，清华附中将教师培训工作坊与展示研究课相衔接的研修课程是一种具有创新性、挑战性的教师研修活动的尝试，并且在活动过程中师生进行了沉浸式的学习与体验，教师能够以不同的视角进行体验，以学生视角体验时能够学习课程中相关实践活动的操作原理和技术难点，以教师视角体验时能够从学习者身份中抽离，以一线教师的身份看待课程并且亲身参与开发所教授学段的课程。

此次活动是提升区域内 STEM 教师专业能力的有益尝试，活动将教师培训与 STEM 研究课相衔接，以创新的形式为教师提供了一场学术盛宴，并通过线上线下相融合的方式为区域教师及全国各地 STEM 教师提供了优质 STEM 课程资源。

（3）活动特点

①协同中心区域引领

海淀进校创新教育研究中心作为中国教育科学研究院 STEM 教育协同创新中心之一，持续开展区域 STEM 教育的研究实践，探索海淀区科技创新教育转型方式、学习方式变革途径、跨学科融合课程的载体，以及创新人才培养的方式与策略。该中心研究中小学 STEM 教育体系，研发、建设中小学 STEM 课程与教学案例，设计和实施提升 STEM 教育能力的研修课程，为 STEM 教师专业发展提供专业的支持服务，为各级教育行政部门的 STEM 教师培训研修决策提供科学依据。该中心通过航天类 STEM 课程研发实践，打造区域特色 STEM 课程和跨学科项目式学习案例，凝聚发展一批 STEM 教师，提升教师的课程理解、研发与实施能力，助力学生的创新素养提升。

②领航学校引领

清华附中作为"中国 STEM 教育 2029 行动计划"首批 STEM 领航学校，在 STEM 课程体系建设、航天类 STEM 课程开发上具有学校特色的创新理解与实践。清华附中师资力量强大，教师大多毕业于国内知名院校，对于跨学科概念和教学实践探索，以及 STEM 课程开发与实践具有丰富的论证经验。在"中国STEM教育2029行动计划"首批STEM课题申报中,清华附中申报课题"初高中衔接STEM课程体系建设与实践研究"。课题研究过程中开展了一系列行动研究,包括撰写STEM教育理论书籍并发表多篇论文、开发校本STEM课程,以及制定校本STEM课程标准,取得了优异成果。

③种子教师引领

主讲教师申大山老师,本科和硕士均毕业于清华大学,现为清华附中通用技术学科教师、STEM教师,海淀区首批STEM种子教师。申老师作为核心成员参与三项市级以上STEM课题研究,参与清华附中STEM课程标准研究工作,受聘编写上海市信息技术新教材《三维设计与创意》,面向初高中开发和实施多门STEM课程。其案例曾获中国教育科学研究院2019年最佳STEM课程资源奖;其发表的STEM相关论文,曾获北京市基础教育论文一等奖;申老师近三年指导学生多次获全国科技创新类竞赛一等奖。

(4)活动方案[①](见表2-1、表2-2、表2-3)

表2-1 "气动火箭发射数据分析"教学设计

单元教学设计	
单元学习主题	气动火箭
1.单元教学设计意图 (1)开发与实施航天类的STEM课程是培养未来航天领域创新人才的重要举措。《关于深化教育体制机制改革的意见》也明确提出:"要注重培养支撑终身发展、适应时代要求的关键能力。"学生的关键能力:一是认知能力,二是合作能力,三是创新能力,四是职业能力。 (2)清华附中的育人使命是"为领袖人才奠基",航天类STEM课程同时面向初中和高中学生进行开设。学校在初中阶段注重培养学生基础研究素养和动手实践体验,激发学生兴趣;而在高中阶段更加注重对学生发现问题和自主研究问题能力的培养。 (3)"气动火箭"课程选题结合时代背景,希望通过自主设计的教具和简单易行的方法,在教室内开展火箭问题的研究,同时注重建立各学科必修知识与火箭实践研究间的联系,充分体现STEM教育的特色,最终落实关键能力的培养。	

----
① 活动方案均由清华附中申大山老师撰写。

2．单元内容分析

火箭本身是一个非常复杂而庞大的系统，需要选择合适的切入点进行课程设计。本课程将火箭的研究划分为三个部分：动力问题、结构问题和轨道问题。

（1）动力问题：火箭怎么飞起来？学生通过发散性思考提出关于各种模型火箭飞行动力来源的问题，并设计实验实现几种推进方式，例如以乙醇作为燃料的引擎实验和橡皮筋弹性驱动实验。

（2）结构问题：什么样的火箭是稳定的？学生探讨为什么火箭要用这样的结构飞出地球，以及什么样的火箭是稳定的，结合物理受力分析了解压心和重心在火箭设计中的重要作用。学生实践火箭制作过程，例如用相关软件模拟，然后通过 3D 打印或手工制作的方式制作模型火箭以备测试。

（3）轨道问题：火箭飞到哪里去？模型火箭在教室的飞行接近物理中的斜抛运动模型。通过制作气动发射系统，学生测试火箭飞行数据，结合数据分析建立数学模型。

本课程的核心工程任务是气动火箭可以准确抵达教室内任意指定的位置。

3．学习者分析

（1）基本情况：高一年级学生，二十人小班制教学，选报课程的学生来自不同班级，学习能力和习惯有较大差异。

（2）科学知识：课程涉及的部分物理、化学知识与高一学生学科学习紧密相关，而且具有一定同步性。学生接受和理解较快，但是在结合实际情景的知识迁移应用方面存在问题。

（3）技术能力：学生技术能力差距很大，部分学生已经初步掌握编程和简单电路知识，能够自主动手进行一些装置搭建；还有部分学生完全缺乏技术实践经验，动手能力不足。

（4）工程素养：学生最为缺乏的就是工程相关的体验。以往的课程或自主实验中，很少以真实问题为目标，学生缺乏对于实际场景和使用条件的思考，在方案设计和记录反思部分很薄弱。

（5）数学思维：学生初步具有数据记录和分析的意识，但是在数据的有效性、数据可视化表达的逻辑性、数学模型建立等方面都有极大的进步空间。

4．单元学习目标与重点难点

（1）学生能够通过气动火箭的设计和制作实践过程，综合运用物理和数学知识，选择合理技术手段和数学工具来解决火箭设计的真实问题。（体现 STEM 理念）

（2）学生能够应用跨学科知识建立对于气动火箭动力系统的认知，在面向复杂问题的探究过程中进行多学科原理的系统性整合。（理解跨学科概念）

（3）学生能够在火箭结构设计过程中借助工程设计软件，将受力分析和结构稳定性原理应用到实际火箭箭身物化成型过程中。（应用跨学科概念）

（4）学生能够通过团队分工合作完成火箭及发射系统的设计、制作、测试、分析、优化的全过程，全面提升认知、合作、创新和职业能力。（落实关键能力培养）

5. 单元整体教学思路（教学结构图）

学习主题	驱动性问题 / 任务	具体课时
前测与团队组建	教师引导学生通过相关活动组建团队，同时了解学生的相关知识与能力基础。	2
火箭动力系统	有哪些动力来源能让模型火箭飞起来？ （1）实验感知：乙醇引擎。 （2）工程实践：设计制作气动火箭发射系统。	4
火箭结构设计与制作	什么样的结构能稳定飞行？ 学生应用稳定的结构进行火箭设计，制作实物。	4
火箭发射与轨迹测算	如何让气动火箭准确抵达教室内任意指定的位置？	6

课时教学设计

课题	气动火箭发射数据分析

1. 教学内容分析

发射轨迹数据的分析是本学期教学项目的最后环节，是扩展和提升的重要方向。通过该部分教学，教师帮助学生形成利用数学模型发现问题和解决问题的意识，建立运动学原理与实验数据分析、工程物化产品之间的联系。在工程实践的过程中，教师引导学生发现和提炼科学问题，利用学科知识进行理论研究，并综合利用技术手段来开展实践研究，最终形成数学模型。

2. 学习者分析

学生在前期的课程中已经具备了基本的技术能力，对于火箭的动力和结构问题也有了一定了解。上次课学生通过自己团队搭建好的气动发射装置已经进行了相关数据的采集，正处于学习主动性最高的阶段。观察上次课的测试活动也可以发现，学生在兴奋状态下会忽视实验方案设计和很多实验操作细节，对于科学探究的严谨性认识不足，对数据仅停留于直观认识而没有进行深入思考。

3．学习目标设计

（1）利用系统方法分析误差：学生在数据记录、可视化表达和评估中认识实验误差，能够利用系统分析方法总结误差来源和优化方法，提升工程素养和科学实验能力，理解跨学科概念"系统"。

（2）提出问题与猜想：学生能够在对比不同组的数据拟合结果中发现问题，提出合理猜想。

（3）建立数学模型解释现象：学生能够针对系统工作过程建立数学模型，通过理论分析进行现象解释，推理论证，重构科学知识之间的关联，理解科学与工程实践的关系，提升科学探究能力和数学应用能力，理解科学本质。

4．学习重点和难点

学生能够基于数据分析压强与射程的理论关系。

5．学习评价设计

学习目标	评价目标	评价水平
利用系统方法分析误差	能够发现数据记录中的问题	水平1：没有重复实验的认识
		水平2：控制变量，多次实验
		水平3：有数据记录的科学方法，注重实验结果复现
	能够指出实验误差来源，建构"系统"概念	水平1：发散性思考，仅找到少数误差来源
		水平2：系统分析各要素，发现大多数误差来源
		水平3：在系统分析过程中找到隐含要素
提出问题与猜想	能够对数据进行拟合，根据数据提出问题	水平1：描点进行拟合，无规律
		水平2：有数据拟合经验，能够发现问题
		水平3：针对问题能够提出合理猜想
建立数学模型解释现象	针对系统工作过程建立数学模型，解释数据异常的原因	水平1：凭经验猜测，没有理论论证的意识
		水平2：能够拆解系统工作过程，并形成数学模型
		水平3：能够从数学模型出发，进行合理的科学论证

6. 学习活动设计

<table>
<tr><td colspan="2" align="center">环节一：课程引入</td></tr>
<tr>
<td>

教的活动一：

（1）教师引导学生回顾气动火箭工程目标：气动火箭可以准确抵达教室内任意指定的位置。

（2）教师利用视频回顾上节课火箭飞行数据采集过程，邀请两名学生现场演示测试过程，测得气压为2个大气压时的飞行距离数据。
</td>
<td>

学的活动一：

（1）学生思考回顾学期课程历程，明确项目意义。

（2）两名学生进行实验过程，其他学生观察测试过程，思考与自己操作过程的异同。
</td>
</tr>
<tr>
<td colspan="2">

设计意图：

建立与上次课程的联系，同时强化学生对于实验操作过程的认识，即后续数据分析讨论需要与实验过程和设备操作紧密结合。
</td>
</tr>
<tr><td colspan="2" align="center">环节二：数据的记录问题分析</td></tr>
<tr>
<td>

教的活动二：

（1）教师将刚才两名学生的现场测试结果与上次课的测试记录进行对比，提出质疑，即二者不相同，其他研究人员无法根据实验记录复现该实验数据。

（2）教师强调问题在于实验条件记录的缺失，请学生思考并回答需要记录哪些实验条件，汇总在学案上。

（3）教师总结实验条件的不一致会带来误差，引出误差的概念。
</td>
<td>

学的活动二：

学生根据自己的实验过程体验、思考、归纳需要记录的实验条件。
</td>
</tr>
<tr>
<td colspan="2">

设计意图：

结合实验操作过程和实验数据记录过程，引出误差的概念。
</td>
</tr>
<tr><td colspan="2" align="center">环节三：误差的分析</td></tr>
<tr>
<td>

教的活动三：

（1）教师展示上节课学生测试数据的可视化记录，并提出疑问：哪组数据看起来更加准确？问题数据出现后该如何处理？

（2）教师提出系统分析的方法，将气动火箭发射系统拆分为子系统：火箭箭体、发射支架、气动引擎、测量系统等。
</td>
<td>

学的活动三：

（1）学生思考并与教师问答互动。

（2）学生将气动火箭发射系统进行子系统拆分。
</td>
</tr>
</table>

环节三：误差的分析	
（3）教师组织各组学生利用系统拆分来分析各个子系统实验误差现象、产生原因和优化方法。	（3）学生在学案中思考总结产生误差的现象，分析产生原因，提出优化方法。

设计意图：
了解误差问题，并结合系统分析方法进行发射系统拆分和误差来源分析。

环节四：基于数据的问题发现和理论分析	
教的活动四： （1）教师展示某组学生测试数据的可视化记录，并提出疑问：记录中的线条代表什么？为什么它必须是直线？ （2）教师展示另一组学生测试数据的可视化记录，提出有学生对测试结果使用曲线进行拟合。教师提出疑问：为什么会出现这样的情况？请学生提出自己的猜想。 （3）教师请学生理论分析一下，究竟气压与射程应该是一次函数关系还是二次函数关系。从物理过程角度重新拆分系统的工作过程：充气加压过程、发射加速过程、无动力飞行过程。教师请学生提出各个过程的最核心定律公式，要求：推导射程与压强关系的表达式。 （4）教师展示学生可能写出的两种表达式。 （5）教师请学生分析为什么会出现两种函数关系，并针对电磁阀通电时间长短进行分类讨论。	学的活动四： （1）学生思考并与教师问答互动。 （2）学生提出猜想，与教师交流互动。 （3）学生在明确发射系统工作过程的拆分后，自行推导射程与压强关系的表达式。 （4）学生写出自己的表达式，并思考别人写出的表达式与自己的不同之处，分析原因。 （5）学生针对这一问题进行分析讨论，与教师交流互动。

设计意图：
从学生实测数据中发现冲突之处，提出问题。按照科学探究过程进行问题研究，结合学科理论知识进行数学模型建立，最终提出明确合理的理论猜想。本环节是课程的重点和难点部分。

环节五：课程总结	
教的活动五： （1）教师提出进阶问题：为什么同样的实验装置，同样的实验条件，同样的电磁阀通气时间，不同的火箭进行测试时气压和射程会出现不同的趋势？ （2）教师布置课后任务：思考如何设计实验，验证对于这个问题提出的猜想；思考此时的自变量是谁，因变量是谁；同时设计新的实验数据记录表格。 （3）教师总结本节课的知识点。	学的活动五： 学生进一步深化思考，带着任务下课。
设计意图： 总结归纳，同时提出进阶思考任务，让学生带着思考结束本节课，为下节课做铺垫。	

7. 板书设计

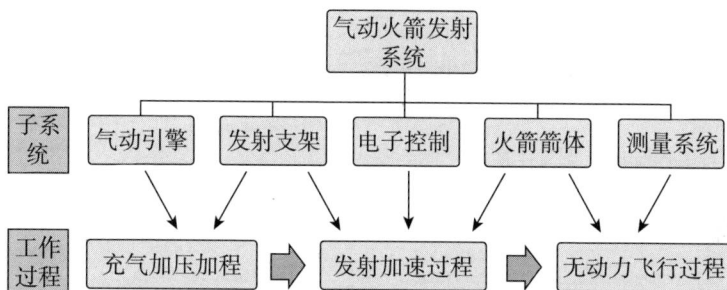

专家点评

  作为"气动火箭"系列课程的最后一节课，教师带领学生从数据入手，抽丝剥茧地挖掘出两种情况下的数学模型，解决了不同组得到的模型与理论公式不符的问题——实际上是因为一处实验环节的不同操作带来的，对应数学模型不同的基本假设。从 STEM 中"M"的角度谈，这节课有四个精彩之处。

  （1）这是一节真正用到数学的 STEM 课。数学在本节课中起到"非数学不可察"的作用——不用数学就无法解释实测数据中展现出的矛盾现象，也无法挖掘出背后隐藏的数理模式。

  （2）这节课具有"大数据"观。在实验过程中应记录哪些数据？教师通过对学生实验报告中疏漏的暴露找到了教育契机，促使学生形成对于大数据的初步概念。

（3）这节课既是一节 STEM 工程类型课，更是一节饶有趣味的数学建模课。教师带领学生经历了完整的数学建模过程：提出问题、基本假设、建立模型、求解模型，并将模型的检验和应用作为课后作业，十分得当。

（4）得到数据不是目的而是途径，通过对数据进行分析建立模型，以便对系统进行优化并挖掘背后潜藏的新知，这才是目的。申老师的这节课很好地示范了这一原则。

（北京十一学校高中数学教师　朱浩楠）

表2-2　"气动火箭"教师培训工作坊实施方案

一、培训目标
1. 听课教师能够了解"气动火箭"课程结构，理解气动火箭部分内容在课程中的功能与价值。 2. 听课教师体验气动火箭发射系统的搭建过程，进行吸管火箭发射测试，能够从定性角度和数学模型角度对工程过程进行描述、解释、设计。 3. 听课教师能够根据体验过程开展小组讨论，提出课程开展方案和装置改进建议。
二、培训物料 搭建所需的实物材料、学习任务单。
三、培训时长 75 分钟。
四、培训对象 STEM 教师。
五、培训框架

时间	培训内容	培训师	听课教师
14:00—14:05	1. 介绍项目背景、项目挑战性任务、课程设计模式及流程。 2. 明晰课程框架和任务目标。 3. 展示前期学生的阶段性成果。 4. 明确培训任务和目标。	通过课件讲解和视频展示，向教师介绍课程整体结构及逻辑关联、课程目标与内容、课时分配建议、分阶段成果形式。	听讲、思考、记录。

时间	培训内容	培训师	听课教师
14:05—14:10	1.了解气动火箭发射系统的搭建要点。 2.从技术角度分析该装置。 3.明确团队实践和研讨任务。	1.布置具体的搭建任务，明确工程目标。 2.讲解搭建过程的关键要点和各零件的使用方法。 3.布置团队思考任务。	1.了解搭建装置的基本功能、设计思路和工程目标。 2.掌握搭建中的关键要点。 3.明确团队搭建任务和思考任务。
14:10—14:45	实践操作体验： 1.搭建一套气动火箭发射系统。 2.制作一个吸管火箭。 3.进行试飞体验，记录数据。	1.分发材料，组织教师体验装置搭建过程。 2.提供单独指导，解决实践操作体验过程中的各种问题。	1.完成搭建过程。 2.进行火箭发射体验。
14:45—15:00	课程设计研讨： 1.讨论如何根据装置设计课程（驱动性问题、子任务、子问题、学生活动等关键点）。 2.讨论如何进行装置子系统拆分和改进优化装置问题。 3.试用数学模型进行描述、解释、设计。	引导教师填写任务单并进行讨论。	1.针对问题展开内部讨论，填写任务单。 2.探讨课程设计和装置的改进及优化方案。
15:00—15:10	交流分享：每个小组针对三个问题的讨论结果进行展示。	1.组织讨论环节。 2.点评各组提出的方案。	1.发言并展现思考过程。 2.针对好的想法进行记录和深度思考。

续表

时间	培训内容	培训师	听课教师
15:10—15:15	1. 展示装置进阶的思考。 2. 问答环节。 3. 活动总结。	1. 介绍发射装置的优化思考和方案设计。 2. 解答疑问。 3. 总结本次活动。	1. 了解装置设计者的设计思路和优化改进。 2. 深度思考技术、数据在开展科学探究和工程实践中的应用。

表 2-3　"气动火箭"教师培训工作坊学习任务单

一、在气动火箭发射系统的搭建和火箭发射测试过程中，请思考以下问题。

1. 气动火箭发射系统搭建的关键技术要点：

2. 气动火箭发射系统误差来源分析：

3. 如何改进、优化装置？

二、根据体验过程开展小组讨论，提出课程实施方案和装置改进建议。

1. 如何根据装置设计 STEM 课程？

驱动性问题	子任务	子问题	学生活动	和学科知识之间的关系

2. 请将气动火箭发射系统拆解成多个子系统：

3. 思考任务：该过程如何用数学模型进行描述、解释和设计？

第三章 按照活动主题划分的
STEM活动

基于工程思维的 STEM 活动

基于设计思维的 STEM 活动

基于问题解决的 STEM 活动

基于科技与人文素养融合的 STEM 活动

基于人工智能的 STEM 活动

基于学科的 STEM 活动

插画3　主题多样的STEM活动

一、基于工程思维的 STEM 活动

（一）浅谈工程思维

凡是造物均涉及工程，造物可通过工程手段实现。工程思维是通过设计和制作，解决真实问题的思维方式。

基于工程思维的 STEM 活动是教师通过设计真实存在的工程项目，培养学生像工程师一样思考，引导学生运用他们所学的多个学科的知识去解决实际问题，最终提升学生工程思维能力的教育教学活动。

过去，我国只是在大学相关专业才涉及工程教育，中小学阶段很少涉及工程教育，仅开设了科学、数学、通用技术等学科的课程。现在，通过近些年流行的 STEM 教育理念，工程教育已被引入我国中小学校甚至幼儿园的教育教学活动之中。教育界同仁也逐步意识到工程教育对学生创新实践能力培养的重要性。

基于工程思维的重要性，以及我国基础教育缺少工程教育的实际情况，从某种意义上来讲，中国 STEM 教育的核心问题是"E"，即工程思维。如何实践 STEM 教育理念，并使学生获得 STEM 中的"E"呢？我们先要搞清楚工程思维的核心究竟是什么。

简单来说，工程思维的核心是培养"让事物运转，让事物运转得更好"的思维能力。从更广阔的视角来看，工程思维的核心是使学生具备"让世界运转，让世界运转得更好"的能力（见图 3-1）。

图 3-1　工程思维的核心

在国内外很多开展 STEM 教育的中小学校，以工程为核心的 STEM 活动非常多，例如抛石机、鸡蛋车、桥梁承重、过山车、水火箭等。这些 STEM 活动的实施都需要学生综合应用所学的数学、科学等学科知识，运用相应的工程和技术手段实现最终造物。整个 STEM 活动过程是以工程思维为核心来推动的。

未来工程师项目中有一项主要利用物理学科的杠杆原理，让学生设计并制作一台投石车的竞赛活动。投石车项目是抛石机项目的一个增强版本，抛石机可以没有车轮，而投石车之所以称之为车，就是因为在抛石机的基础上增加了车轮。投石车要求必须要有 3 个以上可正常转动的车轮。

从没有车轮到有车轮这样一个小的改变，目的就在于培养学生运用所学到的学科知识，创造性地解决如何把轮子安装在抛石机上且使整体结构坚固稳定等一系列问题的工程思维能力。从抛石机到投石车，表面上是增加车轮的变化，实则是体现我们从之前"小制作"的教学目标，到"如何培养学生运用工程思维核心思想来解决问题"的教学目标的转变。教学目标的转变，也是为了最终促使学生在工程思维能力上得到提升。

培养中小学生具备工程思维，并不一定要设计多么复杂的项目，只要使学生建立基本的工程思维即可。以投石车的设计和制作这个项目为例，工程思维简单地体现在"如何安装轮子，如何让轮子运转得更好"上。

STEM 活动案例 3-1：投石车项目及规则 [①]

一、参赛组别

小学组、中学组（含初、高中），每支参赛队伍由 2 名选手组成。

二、项目描述

参赛选手用所给的材料制作一辆有 3 个以上轮子（不在一条直线上），轮子的直径不小于 10 cm，车底盘离地面不低于 5 cm 的投石车。在投石

---

① 该项目规则由未来工程师项目裁判委员会编制。为保持本书中活动案例呈现的一致性，编者将此项目规则划归为 STEM 活动案例，特此说明。

车上系一根长 0.5 m 的绳子，投石车移动时，参赛者只能借助绳子拉动而不能用手触碰投石车的任何部分。当投石车倾倒时，参赛者可以用手扶正投石车，倾倒后再移动属于犯规，必须放回倾倒发生处，扶正后再进行移动。在投石车移动时，只有轮子可以接触地面。

投石车采用杠杆原理，必须有一个投射启动装置（如一个插销）。制作完成后的投石车将进行竞技比赛。投石车进入起点区域后，参赛者有 1 分钟的备赛时间，之后裁判长宣布比赛开始，比赛时长 2 分钟。

三、项目规则

（一）投石车

投石车采用杠杆原理，利用杆的摆动进行投石。杆摆动的动力来自橡皮筋；杆的一端必须有一个开放式容器用以盛放沙包；投石车必须有一个投射启动装置，参赛者不能直接用手控制杆的释放；投石架必须固定在车上，车必须有可以滚动的轮子；用于投掷的"石头"是在 5 cm×5 cm×5 cm 的布袋中灌满黄沙制成的沙包，重量为 30 g（允许误差为 ±1 g），参赛者需使用由组委会提供的沙包，数量 20 个。

（二）设计与制作

参赛者必须提交设计报告，并利用事先做好的设计方案和图纸进行制作，但不能使用事先制作好的模具。参赛者只能利用赛场提供的材料进行制作，赛场提供的材料为：90 cm×120 cm 的 KT 板一张，纸杯一个，回形针若干，橡皮筋若干，长 150 cm、直径 2 cm 的 PVC 管一根，自行车车轮辐条 2 根，1.5 m 线绳一根。工具和粘接材料自带（现场不提供交流电源），制作时间为 120 分钟。

参赛者可对车辆进行美化，提高车辆的观赏性。根据参赛整体车辆美化的实际效果，可适当评定车辆美化奖。

（三）竞赛

竞技方式为：在起点（终点）区域内，投石至前方"城池 A1—A4"（不分先后顺序）；击中（石头进入城池 A）后迅速移动投石车到达第二投射区，在发射线后向"城池 B1"投射；击中后移动投石车至第三发射区，投向"城池 B2"，小学组增加在第三发射区再投"城池 B1"1 次，中学组增加在第三发射区再投"城池 B1"2 次；全部击中后，投石车回到起点（终点）区域。投石车项目比赛场地可参考图 3-2。

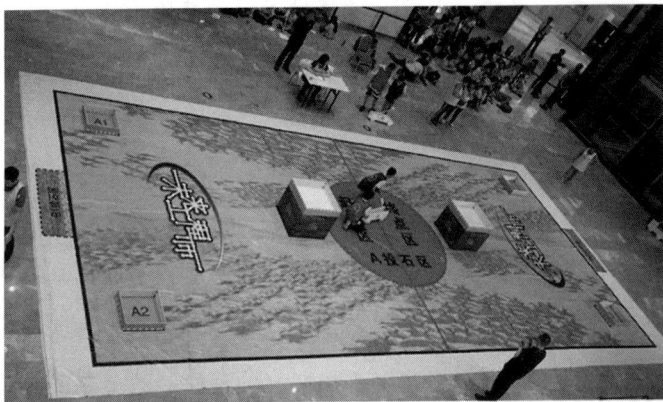

图 3-2　投石车项目比赛场地

在一个发射区域可以连续投石，直至击中目标；如果前方目标无法击中，那么投石车就不能前进。2 名选手需交替投石，车子必须在轮子能正常滚动时才能移动，否则将停止比赛。投射必须利用启动装置才能进行，比如拔去插销，否则无效。投出的"石头"可以回收使用。

（四）评分标准

根据到达终点的时间进行排序，时间越早名次越靠前。如果不能到达终点，则以击中目标的多少进行排序；每队可以赛两轮，取最好一轮成绩；没有设计报告不能参加比赛；如设计报告得分不及格，将降一级得奖等级；成绩优胜者需进行答辩，如答辩不及格，将取消比赛成绩。

（二）巧用工程日志

培养学生的工程思维并非一日之功，就像培养一名工程师也是需要一定的时日、一定的技能训练、一定的职业思维习惯养成一样。中小学阶段，培养学生建立初步的工程思维、让学生多参与基于工程思维的 STEM 活动非常重要，而在活动过程中可以运用工程日志的方式。

1. 何为工程日志

工程日志是用于记录项目设计及实施过程，并培养工程思维及相关技能（如项目管理、时间管理、团队合作等）的一种手段。

四川师范大学附属上东学校高涵老师设计工程日志的过程非常具有启发性。她设计工程日志的灵感来源于工程施工日志。工程施工日志也叫工程施工日记，是对建筑工程整个施工阶段的施工组织管理、施工技术等有关施工活动和现场情况变化的真实的综合性记录，也是处理施工问题的备忘录和总结施工管理经验的基本素材，还是工程交竣工验收资料的重要组成部分。

模仿工程施工日志，设计工程日志，与 STEM 课程培养学生的工程师思维不谋而合。学生可以准确地、清晰地将问题的解决过程进行梳理，记录问题的解决正处于哪一阶段、所要用到的技术与人员分配情况、方案实施的进展、遇到了哪些问题、怎样处理解决的。详尽的记录可以为方案与作品的不断修改与革新提供重要资料；在完成整个工程项目后，可以根据工程日志对整个过程进行各方面的总结与评价；在进行成果研发时，工程日志还可提供宝贵的过程性资料。

2. 依托工程日志提升学生工程思维能力的十个优势

（1）引导学生形成"工程思维流程"概念的优势

工程日志中实际上体现的是工程师的思维过程，我们也可以称之为"工程思维流程"。一般来说，针对小学生的工程思维流程主要包括："列举现象→对现象背后的问题进行归因与归类→选择要解决的问题→思考解决问题的角度→商讨初步设想→梳理设想思路→进行初步设想的展示与评价→梳理展示后获得的建议与收获→为调整设想进行资料的收集→调整初步设想→多次打磨初步设想→进行方案设计→进行方案的展示与评价→梳理展示后获得的建议与收获→进行方案的修改→选出最优方案→聚焦解决问题所需的知识点（技术）→确定需要用到的材料与工具→进行人员分工→对方案进行反思与小结→多次打磨方案→实施方案→记录遇到的问题与解决措施→进行成品的展示与评价→梳理展示后获得的建议与收获→调整方案→再次实施方案→记录遇到的问题与解决措施→多次打磨作品→进行项目的总结与评价"等流程。

（2）图文并茂的优势

囿于专业词汇的限制和文字表达能力，学生很难将设想与方案进行详尽的文字描述。根据小学生的认知发展规律，工程日志使用图文并茂的形式可以降低设计与记录的难度，易于接受与操作，并且在交流时增添了趣味性。学生喜欢画，也能通过画的形式将自身的想法表达得非常清晰。

（3）有助于学生进行头脑风暴

在教学中进行的头脑风暴是培养学生创新能力的过程，也是一个带领学生经历从发散性思维到聚敛性思维的有意义学习的过程。具体来说，在明确了需要解决的问题之后，学生需要思考可以从哪些方面解决这个问题。问题的答案不止一个，学生切入的角度不同，解决方案也就不同，全班在相同的问题上进行思维的碰撞，可能会获得全新的思路；并且将不同思路进行梳理与评价，将学生活跃的、杂乱无章的想法落实，有序地进行记录，便于进行选择与比较。

（4）以用促学的优势

学生进行初步设想之前，不是自己毫无根据地想象，异想天开地解决问题，不考虑方案实施的成本、优缺点、是否具有科学性与创新性，而是要查阅大量的资料，在知识库得到扩充与积累之后，对设想进行调整，或者寻找创新的空间。科技的发展需要天马行空的想法，更需要大量的科学知识作为基石。

（5）拆解问题，降低难度

从现象到原因、从原因归类到聚焦问题、再将问题进行拆解、思考不同的方面、查阅资料、分析需要运用的知识与工具、根据成员特点进行合理分工等一系列流程，将思考过程可视化，思路更加清晰，为后续调整设想提供便利。

（6）提升团队协作力

工程日志中有明确的分工，落实责任到个人，每个学生都有自己的任务，参与感很强。且在项目实施过程中，团队协作力得到了提升，大家目标统一，根据每个人的优势来确定任务，发挥所长，获得自我成就感，培养集体荣誉感。

（7）客观地评价与辩证地接纳建议

在进行初步设想、方案与作品的评价与展示时，工程日志提供了全面的评价标准，学生在以后的 STEM 课程中可以进行参考。这一过程可以锻炼学生的表达能力与沟通能力，使他们能够对他人的作品进行科学、公正的评价，能够虚心听取别人的建议，进行改进，从而培养辩证看待评价与建议的能力。

（8）培养"迭代"思想

初步设想、方案与作品都可以进行多次打磨，即进行多次的展示与评价、整理建议与收获、进行资料的收集、再次进行改进。任何优质的成果都不是一蹴而就的，而是在不断改进与革新中，逐渐达到尽善尽美的效果。

（9）反思与总结

及时而全面的反思会使我们做得更好。阶段性反思：在初步设想、方案与作品的各个打磨过程中，针对出现的问题与得到的建议进行及时的反思，调整或修正思路，可以使工作开展更加顺利。总结性反思：在工程日志的最后，进行整个项目的梳理与全方位的评价，可以使我们发现不足，改正缺点，发挥优势，在下一次的项目实施中完成得更高效、成果更加丰硕、问题解决的针对性更强、人员分工更加合理等。

（10）成果转换

工程日志能以科技小论文或发明专利的形式实现成果的转化与展示，使整个项目实施工作得以延续。参与科创比赛，工程日志能作为过程性资料，提供成果的创造过程记录。发明专利运用于实际生活中，为生活提供便利，赋予工程学习更多的意义。

3.如何用好工程日志

工程日志可以分为三个部分：工程部分，包括方案的设计与实施；团队部分，包括队伍和拓展活动的信息；发展规划，指策略计划或持续发展的规划。

队员的姓名需清楚地记录在工程日志封面上。强调团队协作，各尽所能，互帮互助，攻克难题。

工程日志是从项目开始到结束整个过程的原始记录，务必保持完整性。每一次记录需标记好时间、地点、参与的人员，不能随意进行增、删。

工程是一个反复的过程，参与者在这个过程中认识和确定问题，测试他们的设计，不断改进设计，并继续这个过程，直到解决问题，形成成果。

工程日志用于记录参与者在项目设计过程以及整个制作阶段的经历，包括问题分析、方案设计、细节设计以及制作、测试与修改等，记录时应细致，不遗漏每个步骤与细节调整。

工程日志既可以手写，也可以使用电子文档。为了便于修改和保存，鼓励使用电子文档。

工程日志对真实性有严格要求，要按顺序标明页码，不能任意替换或撕掉任何一页。

鼓励团队通过会议讨论解决问题。工程日志在记录会议内容时应包括以下两项：任务——队员们在做什么，发现了什么；反思——队员们对所发生事件和待解决问题的看法。

工程日志的内容不单一。团队会议笔记、设计概念和草图、图片、制作中的笔记、队员的意见和想法、团队组织以及对团队有用的任何其他文件，都可以记录在工程日志中。

工程日志涵盖项目问题解决过程的完整记录。它应该包括制作中各阶段的设计草图、团队会议、讨论、设计变化、改进过程、遇到的挫折以及每个队员的想法。

STEM 活动案例 3-2：工程日志参考样例 ①

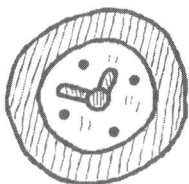

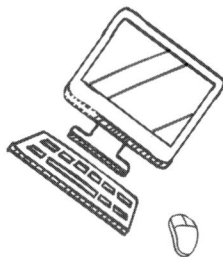

工程日志

学校：_____
年级：_____
班级：_____
组号：_____
姓名：_____

---

① 案例设计与实施者：四川师范大学附属上东学校高涵老师。为保持本书中活动案例呈现的一致性，
编者将此工程日志参考样例划归为 STEM 活动案例，特此说明。

主题：道路出行安全提醒

一、小组讨论

1. 你看到了什么现象？

2. 现象发生的原因是什么？将原因进行归类。

二、团队协作

1. 要解决的问题是：

2. 我们需要从哪些方面（角度）解决问题：

三、商讨初步设想（图文并茂）

四、梳理设想思路

問題：

解決方法（手段）：

解決方法（手段）：

解決方法（手段）：

……

優点与缺点：

優点与缺点：

優点与缺点：

在現实生活中实施会遇到的难题：

在現实生活中实施会遇到的难题：

在現实生活中实施会遇到的难题：

怎样调整来攻克难题：

怎样调整来攻克难题：

怎样调整来攻克难题：

怎么实现：

怎么实现：

怎么实现：

五、初步设想展示与评价

评价其他小组并自评：

1. 最出彩的地方是哪里（创新性）？

2. 是否容易实现（科学性）？

六、展示后获得的建议与收获

1. 小组自评：

2. 全班互评：

对初步设想的修改：

七、资料的收集

为进一步调整设想，需要进行资料的收集工作。

八、再次调整初步设想

1.已经有类似的想法出现了吗？

2.我可以在这个基础上进行改进与创新吗？

如有必要，初步设想可以反复打磨，多次进行展示、评价与修改，将设想进行迭代更新。

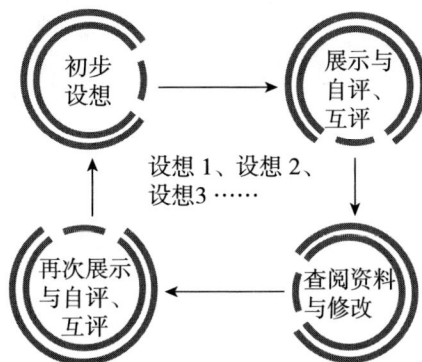

九、进行方案设计（图文并茂）

十、方案展示与评价

评价其他小组并自评:

评价要点	小组自评(分数1—5分)	全班互评 (分数1—5分)									
		第 组	第 组	第 组	第 组	第 组	第 组	第 组	第 组	第 组	第 组
1.基本解决问题了吗?											
2.方案可以实际操作吗?											
3.综合考虑利与弊了吗?											
4.成本是否高昂?											
5.分工合理吗?											
6.有创新吗?											

十一、展示后获得的建议与收获

1. 小组自评:

2. 全班互评:

对方案的修改:

十二、选出最优方案

按照要求选出性价比最高（优点多、成本低）的解决方案。

如不符合要求，则进行方案的再设计。

十三、知识链接

解决这个问题所需的知识点是哪些？我还可以通过什么途径获取更多的相关知识？

十四、需要用到的材料和工具

十五、小组内分工

负责内容	负责人
画设计图	
准备材料	
制作实物	
进行测试	
改进提升	
过程记录	

十六、反思与提升

1. 我们的方案可以基本解决这个问题吗?

2. 在整个过程中,我们的收获是:

如有必要,方案可以反复打磨,多次进行展示、评价与修改,将设计稿进行迭代更新。

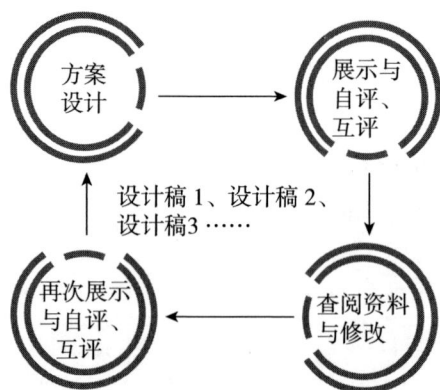

十七、实施方案

1. 方案实施中遇到了哪些问题：

2. 解决措施：

十八、成品展示与评价

评价其他小组并进行小组内测试后自评：

评价要点	小组自评（分数1—5分）	全班互评（分数1—5分）									
		第组	第组	第组	第组	第组	第组	第组	第组	第组	第组
1. 作品达到预期效果了吗？											
2 作品实际的使用体验如何？											
3. 是否能够推广普及？											
4. 成品是否美观？											
5. 成本合适吗？											
6. 是否会带来负面影响？											

十九、展示后获得的建议与收获

1. 小组自评：

2. 全班互评：

对方案的修改：（查阅相关资料，充实知识库）

二十、方案改进后再次实施

1. 方案实施中又遇到了哪些问题：

2. 怎样解决的：

如有必要，作品可以反复打磨，多次进行展示、评价与修改，将成品进行迭代更新。

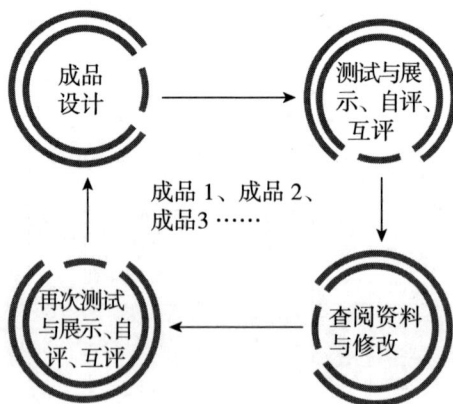

二十一、总结与评价

评价项目	评价标准	满分	得分
问题解决情况	完美解决：设计巧妙，可以起到安全提醒的作用（30分）	30分	
	基本解决：设计稍微欠佳，可以起到安全提醒的作用（20分）		
	没有解决： 设计精巧，但不能起到安全提醒的作用（10分） 设计欠佳，不能起到安全提醒的作用（0分）		
呈现的亮点	作品设计有创新之处（10分）	20分	
	项目实施有创新之处（10分）		
	作品无创新之处（0分）		
团队分工及合作效果	团队分工明确，组员有各自的任务（10分）	20分	
	团队合作情况良好，配合默契、紧密（10分）		
	没有团队分工、合作（0分）		
改进与提升	通过小组初步测试，能找到项目实施中存在的不足，并能把改进意见提出、表达和修改（15分）	15分	
	通过小组初步测试，不能找到项目实施中存在的不足（0分）		
成果及转换	能用科技小论文、成果小视频等方式记录或呈现项目实施过程及成果（15分）	15分	
	不能用科技小论文、成果小视频等方式记录或呈现项目实施过程及成果（0分）		
总分：			

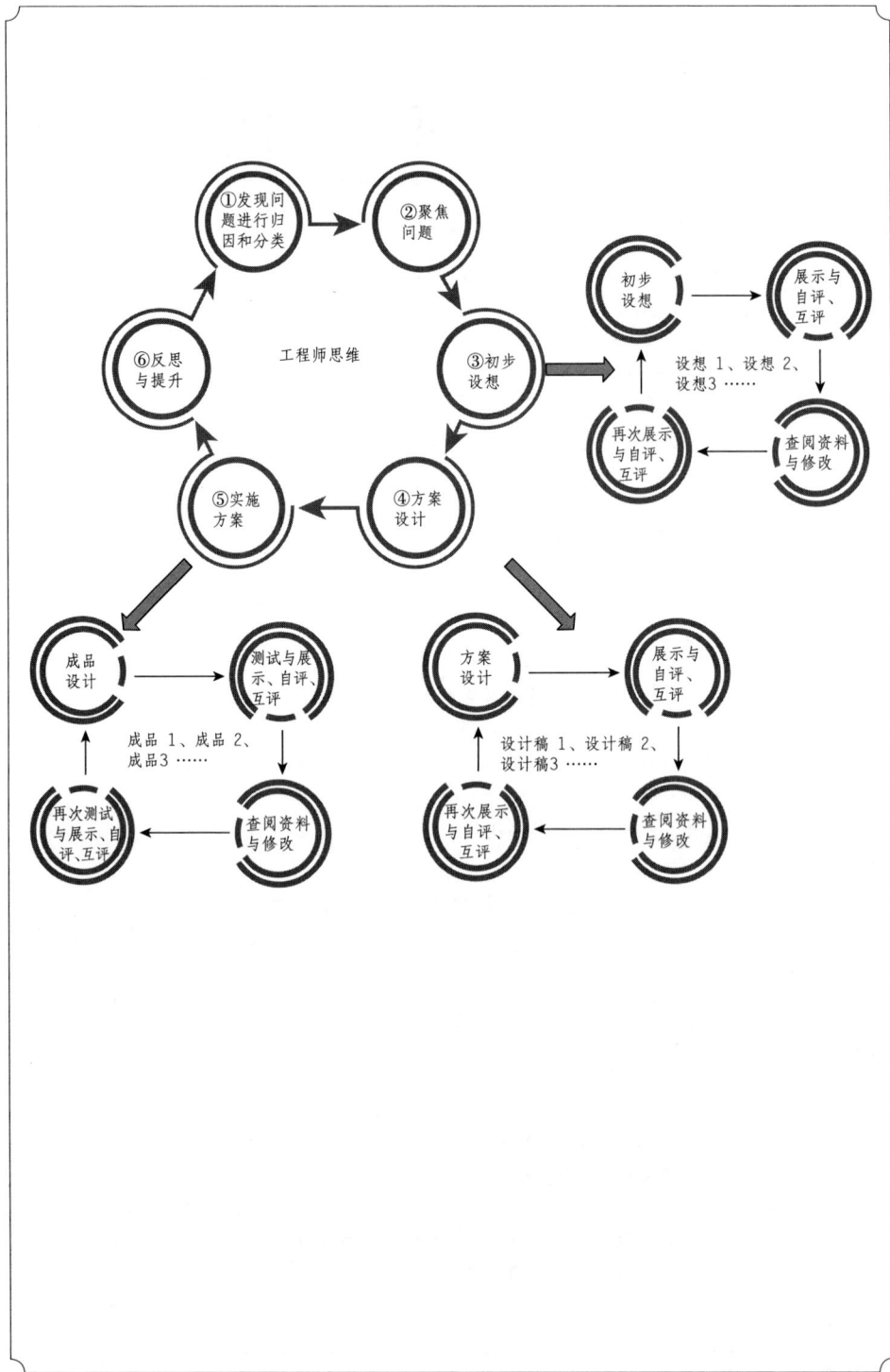

学生填写的工程日志片段

—夜跑发光衣

九、进行方案设计（图文并茂）

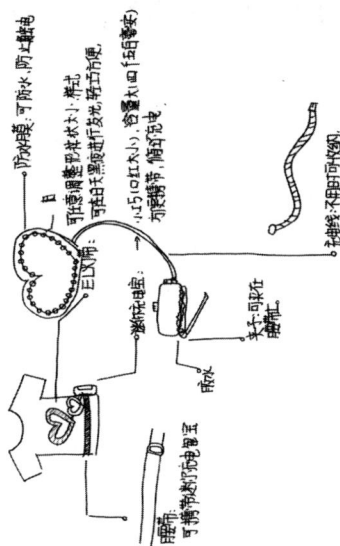

十一、选出最优方案

按照要求选出性价比最高（优点多，成本低）的解决方案。

如不符合要求，则进行方案的再设计。

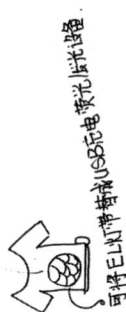

十九、展示后获得的建议与收获

1、小组自评：灯带隐藏得不好，对灯带的隐藏还需简单轻便的

2、全班互评：后身喇叭贴灯带

对方案的修改：（查阅相关资料充实知识库）

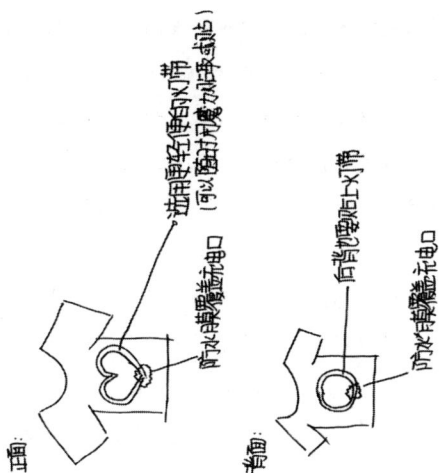

正面：

背面：

二、基于设计思维的 STEM 活动

（一）浅谈设计思维

1. 何为设计

　　"设计"无处不在，建筑设计、网站设计、服装设计、平面设计、室内设计、工业设计等，都离不开设计师的"设计"。简单说，设计师就是通过设计解决方案来解决各种问题的人。

2. 像设计师一样思考

　　设计思维就是像设计师一样思考的思维方式。它关注的是为谁解决问题、如何创新地解决问题，是一种基于设计解决问题的思考方式。斯坦福大学设计学院把设计思维归纳成一套科学方法论，分为同理心、定义、头脑风暴、原型制作、测试 5 个步骤。

3. 设计思维与 STEM 活动

开展基于设计思维的 STEM 活动，有利于培养学生运用多学科知识，多视角、创新性地解决各种复杂问题的能力。

（二）设计思维应用实例

1. 创意花窗的缘起

2018 年，编者无意间购得《梁·古建制图》笔记本，里面有很多梁思成先生手绘的中国古代建筑图，其精致细腻程度令人惊叹。梁思成先生笔下的中国古建筑测绘图，一方面秉承了西方建筑学的制图手法及其蕴含的西方古典主义美学精神，另一方面又创造性地融入了中国传统工笔和白描技巧，从而呈现出中国古建筑独特的美感。这批图纸既是赏心悦目的画作，更是对古人营造设计秘诀的图解。

自此，研发一个既能突出学生设计思维，又能运用榫卯等我国古代工程技术手段，还符合学生认知水平的项目的想法就产生了。

编者与全国青少年未来工程师博览与竞赛组委会总裁判长王祖春老师，共同研发编写了创意花窗项目。创意花窗项目是基于设计思维的 STEM 活动，也是突出体现未来工程师项目特点的一个博览类项目。

2. 从无到有的创意花窗

中国古代建筑博大精深，本着让更多学校和师生参与的普及性原则，如何选择活动主题成了最难攻克的难点。经过与王祖春老师的多次探讨，我们初步确定了以设计思维、技术运用为主要评价指标的项目 1.0 版本——3D 窗花（见图 3-3）。

图 3-3　初期学生 3D 窗花作品

3D 窗花将 3D 打印技术与木工工艺相结合，兼顾传统和现代技术的融合。我们明确了项目的主要任务是设计一个"窗花"，而不是设计一个建筑模型。这样做既可以让学生了解中国古代建筑的工程技术特点，又降低了制作难度；既确保了项目体现设计思维，又兼顾了普及性的初衷。

经过反复实践，我们在 1.0 版本的 3D 窗花项目基础上完善得到了 2.0 版本——创意花窗。创意花窗项目主要有两个完善之处：一是为突出考查学生的设计思维，将"3D"字样从题目里移除，取而代之的是突出设计和创新的"创意"二字；二是查阅了大量的资料后，我们把 1.0 版本中的"窗花"最终改为了"花窗"，在项目名称上避免了不必要的歧义。

3. 设计思维的绽放

2020 年 3 月初，创意花窗项目以"给最可爱的人"为主题，采取线上评审的活动方式正式发布。虽然受新冠肺炎疫情影响，但活动发起的一个多月的时间里，全国各地有 300 多支队伍、上千名学生参与了线上评审活动。学生的设计思维在创意花窗作品中绽放出了美丽的花朵。

4. 优秀作品展示

（1）优秀作品方案

在新冠肺炎疫情这一特殊背景下，学校无法正常开学，我们以这样特别的形式开展的未来工程师线上预选活动，得到了老师和家长的大力支持，涌现出一大批优秀作品。我们从中选取《给最可爱的人——钟南山爷爷》这一优秀作品，分享给大家。作品设计图详见图3-4。

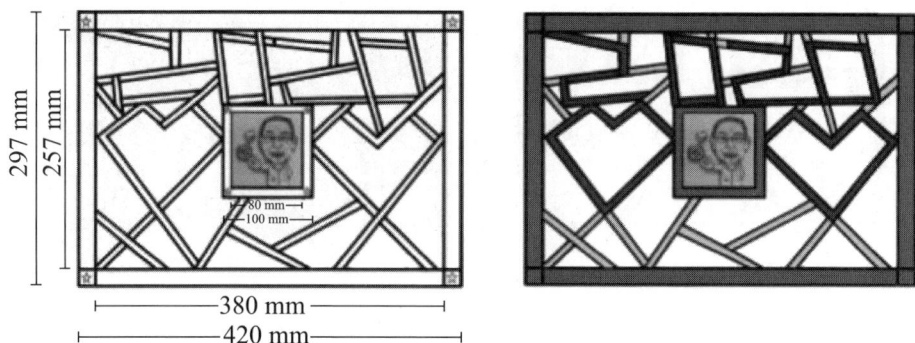

图3-4 创意花窗作品《给最可爱的人——钟南山爷爷》设计图

具体作品方案如下。

设计主题：作品描述的是我们心目中最可爱的人——钟南山爷爷。他不顾84岁的高龄，深入疫区，为抗击疫情做贡献，永远在第一时间冲锋在前，他是我们学习的榜样，也是我们本次花窗的主题。

设计理念：我们的花窗巧妙地实现了传统与现代元素的完美结合。花窗外框以传统榫卯工艺制作而成，非常牢固；内部运用传统花窗的冰裂纹，融入现代抽象设计，用不规则的冰裂纹拼出"2020"的字样与两个爱心。整个花窗设计，诠释着钟南山爷爷在非比寻常的2020年，带领中国医疗团队抗击新冠肺炎疫情的事件，寓意着人们期待冰雪融化、春回大地的美好愿望，展现了我们对以钟南山爷爷为代表的医护人员最终能成功控制疫情、胜利在望的坚定信心。

制作材料：3D打印笔、3D打印耗材、桐木条、木工工具、胶水、防护用品等。

成本预算：约人民币350元。

指导老师：马睿、谭可锋。

成员及分工：队长陈思睿，主要负责3D实物设计及制作成品策划；队员何建诺，主要负责花窗设计及初稿绘画；队员陈科宇，主要负责初稿及海报策划。

作品成品及活动过程详见图 3-5。

图 3-5 《给最可爱的人——钟南山爷爷》成品及活动过程

（2）优秀宣传海报

创意花窗倡导科技与艺术的融合，并考查学生创意表达的能力，故而也要求参赛选手要为自己的作品设计宣传海报。图 3-6 展示了创意花窗作品《"疫"无反顾》的宣传海报。

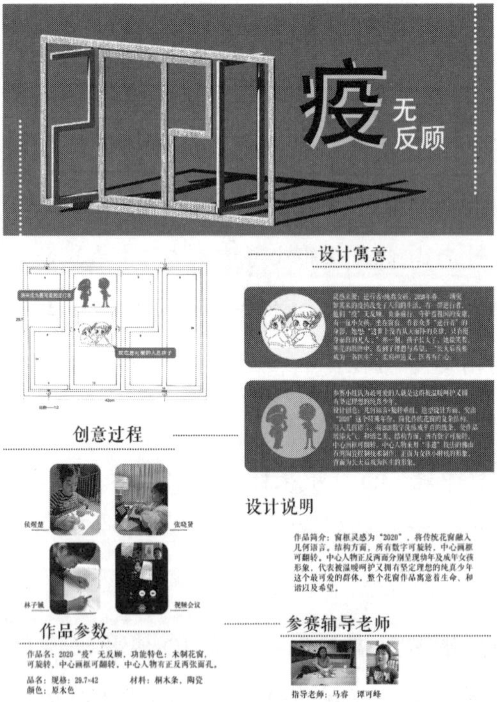

图 3-6 创意花窗作品《"疫"无反顾》宣传海报

STEM 活动案例 3-3: 创意花窗 [①]

一、活动意图

花窗，又名漏窗或花窗洞，是中国古代园林建筑中窗的一种，既具备实用功能，又带有装饰效果。花窗多见于中国古典建筑中，在现代建筑中依然有广泛的应用，用以体现一定的文化底蕴。基础花窗的制作比较简单，工艺要求相对较低，小学生也可以亲自动手设计并制作花窗来表达自己心中的想法。因此我们想要进行一个以工程设计为导向的项目式 STEM 学习活动——创意花窗。

二、活动方案

（一）活动目标

（1）S——科学：学生能够利用榫卯结构等设计加强木质花窗的稳定性。

（2）T——技术：学生能够熟练掌握基本的木工技巧，将木料与 3D 打印的作品联合拼接成花窗。

（3）E——工程：学生能够根据实际问题，制定解决方案，根据设计完成制作，将作品进行实测和完善。

（4）M——数学：学生能够将图纸按照数据进行计算，求出每段木材的具体尺寸和形状、角度，并利用图纸根据比例制作成 1:1 的实物图。

工程设计过程是指在有明确结果要求的情况下，在寻求解决问题方案的过程中遵循的系统方法。在现今的实践中，设计过程有各种各样的类型，但是大多数都包括同样的基本步骤。让学生遵循结构合理的设计过程是很重要的，因为它为形成可能的最佳方案提供了框架结构，遵循设计过程的行动本身可以帮助学生建立解决问题的能力和逻辑思维方式。

本项目的目标是以制作创意花窗活动为载体，让学生经历完整的工程设计过程，从而增强学生解决问题的能力，完善逻辑思维方式。

[①] 案例设计与实施者：东北师范大学附属小学繁荣校区张英妮老师。

（二）活动准备

白纸，格尺，桐木条，木工工具套组，3D 打印设备及配件，护目镜等安全防护设备。

（三）活动过程

1. 了解赛制要求，组建团队，了解每位队员的能力和专长

教师创设情境，通过提问引导学生将已有的知识和经验与当前的任务建立连接。教师帮助学生清楚而准确地描述设计任务——制作"最可爱的人"创意花窗。教师带领学生回顾相关的概念，确认所知道、要知道和想学习的内容。

2. 参加线上创意花窗培训活动

3. 线上讨论花窗木工部分的图样、3D 作品的大致想法

教师为学生提供构建自我知识体系、理解分析和动手操作的机会，开展基于项目的研究，建立学科之间的联系。教师作为推动者，向学生提供材料并指导探索活动。教师先介绍建模的概念，再引导学生对问题进行深入思考，培养学生的批判性思维；然后运用小组讨论、资料收集、头脑风暴等方式，促进学生对学习内容和工程设计的理解。学生针对概念进行概括，参与建模活动，与小组一起对给定的设计任务进行假设、检测，得出结论。学生针对创意花窗的设计创意进行了头脑风暴，对于创意花窗有了总体上的理解。

4. 绘制花窗木工部分的图样，完成初步尺寸设定

学生运用概念和原理详细解释自己的设计方案和制作过程。教师则向学生介绍系统化概念，重述设计过程，引导学生进行交流、讨论，更正迷思概念，促使学生将所学概念与更广泛的情境相联系。师生之间针对创意花窗的设计方案进行交流，教师对学生的想法不断提出质疑，促使学生全面思考设计的可行性，激发学生的学习兴趣，并形成中心概念：选用什么样式的花窗、哪里用到榫卯工艺、3D 作品怎样表达"最可爱的人"等。

5. 制作 3D 作品的设计图（见图 3-7）

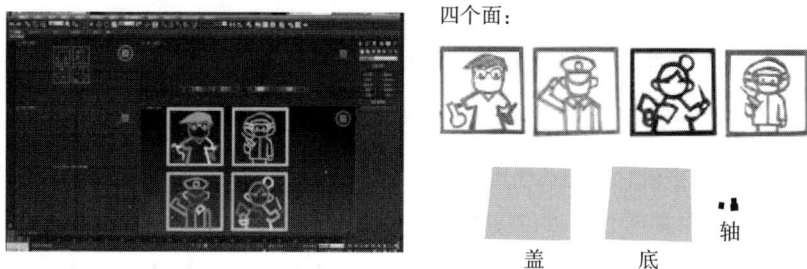

四个面：

盖　　　底　　　轴

图 3-7　3D 作品设计图

6. 制作 3D 作品的纸质模型

在此阶段，学生开始根据教师提供的资源进行实质制作，教师对学生的制作过程进行质量监控。学生再应用设计的概念、原理和理论进行决策，改良设计方案，进行装置的制作。学生先是绘制 1:1 的实物比例模型，再制作纸质模拟模型，形成图样。

7. 制作花窗木工部分的 1:1 实物大小的纸质图，制作宣传海报

8. 拍照，完成上传所需的作品介绍等文件

9. 接到进入复赛的通知，开始准备复赛的相关内容

10. 制作 3D 打印的作品，制作木质花窗，组合完成最终作品（见图 3-8）

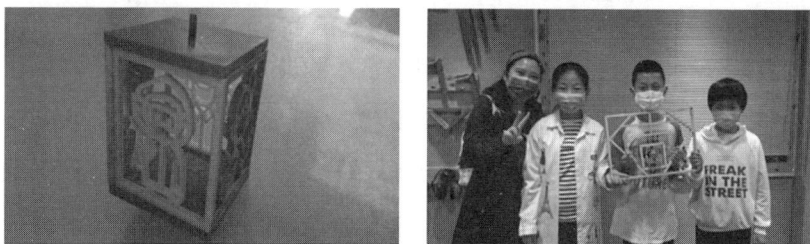

图 3-8　成品展示

教师让学生对所学知识进行深度探索，通过工程概念在复杂问题中的应用，实现知识和技能的迁移。教师提出新任务，并向学生提供新应用所需的材料、资源，引导学生更深入地学习。学生进行讨论交流后，将原来

的设计方案进行延伸和拓展，运用到新的任务情境中，并依据讨论的结果再次进行装置的制作。

针对木质结构的连接，原有的设计是完全用胶水进行黏合。在这个阶段，教师提出新任务，尽量减少胶水的使用，用我国传统的榫卯工艺来代替胶水的黏合作用。学生学习榫卯结构的基本知识，再进行二次、三次制作。

11. 录制复赛视频，上传复赛作品

学生准备录制复赛视频的脚本，录制复赛的视频，整理剪辑视频；根据赛会要求，将复赛的作品上传至相应网址。

三、活动反思

（一）教的启示

1. 关注学生成长是项目式 STEM 活动的落脚点

开展 STEM 活动不是为了让学生拿高分，而是为了让学生在活动中得到全面发展。因此，课堂上，教师应关注每一个学生的发展。作为教师，我们应该思考如何通过项目化的 STEM 活动让不同的学生在各类素养和能力上得到不同程度的发展。在 STEM 活动开展的过程中，我们会发现学生的 STEM 评分会呈现上升的趋势，也就是说学生的能力在逐渐提升。当然，这里面有教师的功劳，但不可否认的是，学生在活动中的确获得了成长。

2. 对学生公正评价是 STEM 项目化教学的助推剂

STEM 项目化教学中的评价是分多次进行的，且每次的评价重心和方式也各不相同。评价的方式包括过程性评价和总结性评价；评价的主体有教师、小组成员、班上其他学生和学生自己；评价的内容是多方面的，涉及学生作品的方案设计、方案实施过程和反思小结等。在 STEM 项目化教学中，教师如果发现有学生的 STEM 评分在某个环节较低，就进行个别指导或及时调整教学策略，这体现出评价的反馈与调节作用。将过程性评价与总结性评价结合起来，能更全面和立体地看到学生的成长，同时也能让学生更好地认清自己，明确自己要努力的方向。

（二）学的启示

1. 发展多方面能力

在 STEM 项目化教学中，学生能发展多种能力：在小组合作学习中，提高合作学习能力；在自主解决问题中，提高问题解决能力；在推理判断中，提高逻辑思维能力；在想象联想中，提高创造能力……学生通过自己的动手操作和体验，会获得直观的认识和深入的理解，他们的思维会变得活跃，进而形成自己的思维模式，提升思维能力。学生通过参与和实践，会主动思考、注重动手、关注过程，从而在不知不觉中提高自己的综合能力。

在本项目中，学生参与度高，能够在学习的过程中不断思考和提升；疫情防控期间，学生家长对此项目的关注度也比较高，非常重视和配合学生，积极支持各项需求。所有讨论和创意部分都是在线上完成，研究过程还得到了学生家长的大力支持，教师、学生利用微信群视频通话、画面共享等方式进行沟通。学生在参与活动的过程中，经历了很多，也成长了很多。在设计环节，他们不受局限，广开思路，敢想敢干；在制作环节，他们不怕困难，迎难而上。经历实际操作让他们的逻辑思维能力更加完善，动手能力得到锻炼，耐心和团队意识也有所增强；陪伴他们成长的教师和家长们也同样受益匪浅。

2. 经历完整的学习历程

一个完整的 STEM 活动，涉及选定主题、规划实施方案、开展活动、修改完善、成果展示、反思评价等环节。在这样的过程中，有教师的引导、小组的合作、他人的建议、自己的动手、同学的鼓励等，这样的过程是一个完整的学习历程，学生各方面的能力能在这一过程中得到展示和锻炼。

（三）创意花窗项目的启示

榫卯是中国木工的传统工艺，非常值得国人去学习和传承。在本项目中，学生通过亲自动手制作花窗，了解到中国传统榫卯工艺的精妙所在，并且将传统木工工艺与现代 3D 打印技术相结合，通过新颖独特的作品，展示了中国传统工艺与现代技术的融合创新。制作过程中，我们发现，细齿锯条比较适合小学阶段学生使用，切割准确，安全不伤手。由于本项目为全国青少年未来工程师博览与竞赛创意花窗项目内容，大赛要求不可以使用电动工具，所以只能由学生用锯条完成。如果没有这一要求，教师可以教学生使用木工车床体验切割、打磨等工艺，让学生知道真正的木工车床可以更加精确地制作出木质作品。

专家点评

创意花窗是近年来由我和志刚秘书长共同研发的未来工程师博览项目。该项目依托 STEM 教育理念研发，倡导将科技创新与人文素养进行融合的育人目标。项目设计的初心是激发学生在传承中华文化的基础上努力创新的科学精神，旨在通过项目实施来提升中小学生的设计思维能力。

上述案例的完成时间恰逢 2020 年上半年，是新冠肺炎疫情严重、学生居家学习的时间段。师生之间的所有讨论和创意部分都是在线上完成，研究过程还得到了学生家长的大力支持，教师、学生利用微信群视频通话、画面共享等方式进行沟通。通过该项目的实施，教师成功引导学生发挥他们的创意，运用传统木工和现代 3D 打印技术等手段，设计并制作了一个新颖独特的作品，充分展示了中国传统工艺与现代技术的融合创新。特殊的时期、特殊的研究历程，该项目的实施为我们的 STEM 研究提供了一个很好的线上活动案例。

（全国青少年未来工程师博览与竞赛组委会总裁判长　王祖春）

三、基于问题解决的 STEM 活动

（一）问题解决的核心

问题解决的核心是发现真正的问题，这需要我们把更多的精力聚焦于发现真正问题的这个过程。

从这个角度来说，引导学生发现真正面临的问题是什么，甚至比解决问题本身更为重要。基于问题解决的 STEM 活动的核心目标是引导学生发现真正的问题，进而利用所掌握的知识和技能解决这个真正的问题。

（二）问题解决的目标及策略

开展基于问题解决的 STEM 活动有两个重要的教育目标：一是关注培养学生解决问题的能力；二是关注培养学生在解决问题前厘清并重新定义问题的思维习惯。

开展基于问题解决的 STEM 活动的方案设计有一个重要策略，即发挥"人多力量大"的优势作用——开展集体教研活动。STEM 活动一般都涉及几个学科的专业知识，各学科教师的集体教研活动是促进 STEM 活动开发的一种十分重要且有效的手段。

集体教研的"短期优势"是弥补单一学科教师在其他学科的短板，提高 STEM 活动开发的水平和效率；集体教研的"长远益处"是在教研过程中，促进各学科教师逐步深入理解 STEM 教育理念，进而促进所有学科教师在 STEM 领域的专业化发展。

（三）问题解决的实例

1. 善于发掘生活中的真实问题

"'疯狂'的小车"活动案例是在青岛嘉峪关学校刘群校长的带领下，以科学、数学、语文等学科的老师自愿参与的方式，围绕解决学校食堂的工作人员在运送食物的过程中，餐车经过坡道时不能水平行进，导致热饭菜洒出来造成人员烫伤的真实问题，大家集体教研开发出来的。完整的"'疯狂'的小车"需要 4 课时的时间才能完成。所以"'疯狂'的小车"也是基于解决一个真实问题的系列 STEM 活动。

"'疯狂'的小车"给人印象最深的一点是选取的这个问题特别真实且极具现实意义。而最早发现这个真实问题的正是青岛嘉峪关学校的刘群校长，也是她建议以这个问题为基础研发出"'疯狂'的小车"STEM 课程，并在学校高年级校本课程中实施这个系列课程的实践活动。图 3-9 展示了刘群校长带领教师开展集体教研活动的场景。

图 3-9　刘群校长带领教师开展集体教研活动

2. 不寻常的双师课堂

"'疯狂'的小车"由数学学科的邢锦竹老师主讲,从发现问题到引导学生利用数学、科学、技术等学科已经习得的知识解决问题,都引发了学生强烈的好奇心和解决问题的迫切愿望。在实际制作模型的过程中,科学学科的辛有生老师以现场技术指导的角色出现,为学生提供工程技术方面的专业指导。

3. 选取适合学生的真实问题

"'疯狂'的小车"是基于真实的问题而设计的 STEM 活动,这里面最重要的就是"真实"两个字。我们往往在活动主题选择上自认为充分体现了真实,实则不然。我们的"真实问题"在面向学生展示的时候,常常瞬间被学生"揭穿",学生马上发现这其实就是老师虚拟出来的一个假问题。所以我们选择的问题一定要来源于真实的生活,才能确保它在学生心中"真实"的感觉,最终真正引发学生解决实际问题的主动性。

基于问题解决的 STEM 活动,不但要求问题真实,还要求问题的难度系数与学生的认知水平相匹配。过于简单、过于复杂的问题,都不利于学生在 STEM 活动中的学以致用。只有难度合适的问题,才能实现学生运用他们已经习得的知识来解决问题的初衷。

项目式学习是 STEM 教育的重要方式,强调在真实的任务中学习,强调在动手实践中学习,这样的学习过程是培养学生团队合作、问题解决、理性思维、批判质疑、探究学习、技术运用等方面能力最好的载体。STEM 教育还可以拓展到艺术、社会、人文等领域。所以,STEM 教育是促进学生全面发展的有效途径之一。

STEM 活动案例 3-4:"疯狂"的小车 ①

近几年,随着 STEM 课程在课堂教学实践层面的研究,教师们越来越清晰地理解 STEM 课程的价值体系,以及教学应用的一般流程和教学策

---

① 案例设计与实施者:青岛嘉峪关学校邢锦竹、辛有生老师。

略。教师融合教学策略，融合学科知识，以现实生活中学校食堂送餐的一个难题引发学生的思考，引导学生提出问题、形成解决问题的方案；组织学生以合作组为单位，分工协作，通过绘制设计图、搭建模型、模拟测试、成果演说、反思评价等一系列 STEM 活动流程，有效培养了学生的创新思维和解决问题的能力。

一、创设真实问题情境

创设真实问题情境，形成有趣又有挑战性的任务，是 STEM 课程好的开始。STEM 教育注重学生的学习探索与实际生活的紧密联系，真实的问题情境不仅能激发学生解决问题的渴望，更能带领学生经历体验性学习。"'疯狂'的小车"中的问题取材于学校食堂的工作人员在运送食物的过程中，餐车经过坡道时不能水平行进，导致热饭菜洒出来造成人员烫伤这个真实的情况（见图 3-10）。教师将真实的问题通过视频重现、3D 场景模拟等方式进行呈现，引导学生通过实际观察、根据生活经验合情推理等思维活动，总结出影响洒饭的各项因素以及解决问题的不同路径，从而产生进一步探索的内在动机，为接下来的创造性研究提供了重要的心理保证。

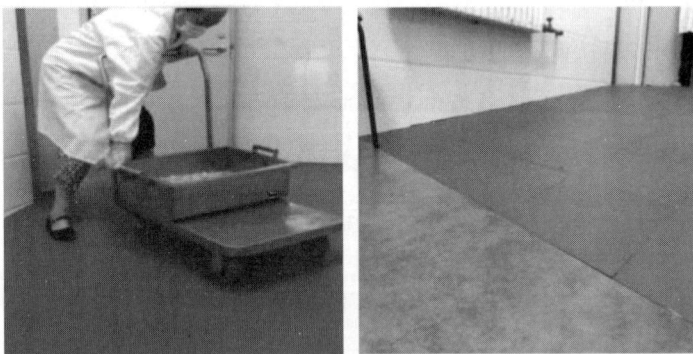

图 3-10　运送食物的小车在斜坡上通过

问题引入过程如下。

谈话：同学们，最近食堂阿姨在运送食物的过程中，遇到了麻烦，我们一起来看一看。（播放视频）

引导：仔细观察，洒饭现象跟哪些因素有关？

预设：学生通过观看视频、图片、模型等不同的素材，观察到车、桶、地面都可能是造成问题的因素。

谈话：在下坡过程中，车辆不能水平行进，导致餐盆里盛满的热菜热汤倾斜、洒了出来，甚至会把阿姨烫伤，非常危险。这是我们学校目前亟待解决的问题。

引导：那怎样能解决运餐车下坡时不能水平行进导致洒饭的问题，你们有什么好的想法？

预设：学生思维活跃，会考虑对地面、餐盆、餐车进行改造。

引导：解决这个问题的思考角度和改造方法有很多，今天我们来研究怎样对餐车进行改造，解决下坡时洒饭的问题。

二、采用项目化学习方式

教师鼓励学生提出问题、形成方案来解决问题。在这个过程中，每个学生在合作组中会根据任务和自身特点领到不同的任务，承担不同的角色。大家各司其职，却都是团队合作中不可缺少的一分子。在设计"'疯狂'的小车"时，教师根据改造餐车的任务需求，在组内设置了不同的角色，将工作流程、任务分工以"工单"的方式推送给学生，由学生在组内进行任务分割，并引导学生参照工作流程自主开展任务探究。"有事做"的学生更容易参与合作，为团队顺利完成任务尽自己所能。这样的学习方式，能极大提升学生的学习兴趣、参与度，让学生产生成就感，可以更加有效地保障每一个学生学习收益的最大化。

三、融合不同学科知识

STEM 教育要融合科学、技术、数学、工程来解决问题，实现创新和应用。学生在解决问题的过程中，会将所储备的零碎知识进行迁移、整合以及重新建构。

在解决餐车下坡时不能保持水平行进这个问题时，学生会基于生活经验，综合运用自己所学的生活知识、学科知识来解决问题。他们先从车辆整体结构开始构思，然后再从安全性、实用性、简易性、成本等多方面进行考虑，经过多次调整完善，最终形成最合理的问题解决方案。例如：有的学生由生活中婴儿车的结构，联想到可以在送餐车上加装"Z"字形悬臂结构，这样即使车辆下坡，餐盆依然保持水平；有的学生在车体下方增加液压支撑装置，这样在车辆下坡时，液压支撑将会随着坡度自由伸缩，将车辆撑起，保持水平行驶；还有的学生通过生活中的平衡车，将车辆根据联想到的固定陀螺仪的原理进行改造；等等。另外，在现实条件下，工程师会面临各种与实际不相符的情况，需要对问题解决方案不断修正才能达到最终的目标。所以，在STEM课程中，引导学生经历设计、执行、反思、修正的过程，是培养工程思维的重要活动体验。

四、设计问题支架

在课程中，根据真实情境产生问题，学生思考问题解决方案，并探究解决问题的途径和方法。在这个过程中，搭建学生"想"与"做"之间的桥梁、使学生的方案得以实现，往往需要教师充分预设，将学生"想得简单，做起来难"的方案分割成"问题脚手架"，帮助学生自下而上分级解决。

例如，在初步形成餐车改造方案以后，面对怎样将方案进行实施的问题，学生并没有理出头绪。这种情况下，教师引导："大家的方案是不是切实可行，还需要着重考虑哪些问题？"学生经过交流，提出节约成本、实用性等现实问题，但仍然没有抓住实施方案最重要的"牛鼻子"。在此基础上，教师出示"问题脚手架"：车子具备哪些功能，可以解决下坡洒饭问题？怎样将这些功能通过设计改造呈现出来？这两个问题其实是将实施方案分解成了两步，即具备的功能与功能的呈现。有了教师的问题支架，再加上学生自己想到的现实问题，就可以在组内再次进行讨论，对方案进行修改和完善，然后进行方案的实施。

又如，在学生以合作组为单位执行任务时，受到能力水平的制约，不能很有效地将任务分解，造成个人的目标针对性不明确，影响到整个任务的执行。这种情况下，教师提供评价量表，并为学生提供"问题脚手架"。

谈话：在执行任务的过程中，各组结合评价量表思考以下问题，每个人可以着重思考自己分工的部分。

（1）怎样合理分工、相互配合，才能在最短时间内完成任务？

（2）可以运用哪些设计来解决餐车下坡时不能水平行进导致的洒饭问题？

（3）怎样讲解才能让大家在最短时间内清楚地了解你们组的设计思路？

"问题脚手架"实际上将一个完整的任务分解成了若干个小任务，整个团队能看到完整又清晰的任务，每个成员又能根据自己的角色来有针对性地思考属于自己的部分，这样能保证每个人在有效执行自己任务的同时推进团队任务的顺利完成。

五、将教学评价贯穿始终

在 STEM 教育中，教学评价起到了非常重要的作用。首先，利用好教学评价可以驱动学生高质量完成探究任务。在"'疯狂'的小车"中，教师围绕执行任务的五个维度，即设计图、分工合作、完成时间、完成任务、汇报展示，设计了详细的评价量表。学生通过研读评价量表，就可以明确高质量完成探究任务的标准。这种评价量表嵌入式的任务驱动，有效引导了学生学习的方向。其次，在师生互评、生生互评的过程中，学生不仅会多角度思考问题，还可以产生更多的创新灵感。课堂中，每个小组将自己团队搭建的模型进行讲解测试。展示中，各组之间会进行互评，并提出问题、进行答辩。通过交流碰撞，学生得到启发，进而完善方案。全部小组交流完毕，教师给出专业点评，从设计原理、设计思路、呈现形式等各个方面给出建议，为学生接下来的进一步研究提供方向。

四、基于科技与人文素养融合的 STEM 活动

（一）从 STEM 到 STEAM 的演变

1. 基本概念的界定

　　从 STEM 到 STEAM，加入了一个"A"，即 arts，也就是广义上的"人文艺术"。在 STEAM 教育里，可以把"A"理解为"人文素养"。从概念界定的角度，本书中的 STEM 等同于 STEAM，STEM 就代表了多个学科的意思，自然也包括了"A"。

2. 引入人文素养的意义

我们之前读高中的时候，都听过一句老话：学好数理化，走遍天下都不怕。美国提出 STEM 的初衷在于提升学生的理工科素养，而我国的理工科教育其实一直是比较有优势的。不同的国情和学情，导致两国对于 STEM 的理解和实施必然存在一定的差异。

基于 STEAM 中的"A"的活动，我们需要注重信息技术资源、生活资源的开发和利用，体现科学与人文艺术（S-A）、技术与人文艺术（T-A）、工程与人文艺术（E-A）、数学与人文艺术（M-A）的相互联系，完善学生的多学科知识体系，促进科技与人文艺术的融合，实现综合性、跨学科人才的培养。

鉴于我国 STEM 教育发展现状，倡导 STEM 更多的是从科技创新人才培养的育人目标出发，STEM 在中国实则更是注重提升学生的科技素养的教育理念。故而可以将 STEAM 理解为科技与人文素养融合的教育理念，在这一理念下展开的活动就是"基于科技与人文素养融合的 STEM 活动"。

（二）基于科技与人文素养融合的 STEM 活动实例

1. 创意微拍"1+1"项目背景

2015 年，全国青少年未来工程师博览与竞赛正式推出了科技与人文素养融合的创意微拍"1+1"项目。经历了 5 年的时间，该项目涌现出众多优秀作品，成为展示学生 STEM 成果的典型项目。

中国人民大学附属中学实验小学是"中国 STEM 教育 2029 行动计划"首批 STEM 领航学校，并在 2018 年、2020 年代表全国的未来工程师们亮相全国科技活动周主会场，参与启动仪式的表演活动。多年来，学校开展了木梁承重、爱创造智能作品、创意微拍"1+1"等全国青少年未来工程师博览与竞赛项目活动，积极开展竞赛项目课程化的尝试。李梓鸥老师的"创意微拍'1+1'项目课程活动设计"，充分体现了科技与人文素养融合的STEM活动的优势。

2. 创意微拍"1+1"项目解读

创意微拍"1+1"是全国青少年未来工程师博览与竞赛博览项目中的一项，充分体现了STEM教育理念，关注科技与人文素养的融合，强调通过项目式学习的方式，将一个复杂的问题分解成若干个主题，让学生根据不同学习项目或活动围绕的主题开展实践活动，并完成作品的提交。项目不仅能锻炼学生的逻辑思维、创新思维和批判性思维，还能提升他们的知识迁移能力和创造性解决问题的能力。

3. 物料准备

表 3-1　物料清单及用途

名称	规格	用途	每组数量
打印纸	A4	讨论方案，撰写剧本	20 张
素描纸	4 开	绘制海报	2 张
水彩笔	36 色	头脑风暴，绘制海报	1 盒
丙烯颜料	24 色	绘制海报，制作服装、道具	1 盒
油画笔	12 支	绘制海报，制作服装、道具	1 套
LED 发光灯带	10 盘	制作服装、道具	1 盘
细铁丝	直径 1 mm	制作服装、道具	1 盘
胶枪	直径 7 mm	制作服装、道具	1 把
胶棒	直径 7 mm	制作服装、道具	10 根
剪刀	安全剪刀	制作服装、道具	2 把
钢板尺	长度 600 mm	制作服装、道具	1 把
金工木工工具箱	实用 23 件套	制作服装、道具	1 套
防切割垫板	A3	制作服装、道具	2 块

表 3-1 所列物品均为基础工具及材料，制作时学生还需要根据剧本的撰写情况和表演的要求选择生活中更丰富的材料，创造性地完成服装、道具及海报的设计制作。

4. 剧本创作

剧本的撰写是人文素养的重要体现，也是作品晋级的关键所在，因此一定要进行充分调研，保证故事的科学性及严谨性。调研时必须要细致、充分，不能只是单纯地从网站检索并复制文字，一定要深入理解相关内容并提取有效信息，此环节建议学生使用思维导图的形式完成，便于资料的分享及后续主题活动的推进。

剧情中须明确展示出所选主题中产品本身的特质，如：要宣传人脸识别技术的发展史，就需要去了解人脸识别技术的发明、演变及背后的文化，以及其独特的性质。要提前设想主题的选材，即用什么来表现自己的主题，不断校正主题的方向。可以参考现在流行的新闻、热点、流行产品，以真实的背景作为剧情推进的依据，也可以适当进行想象。还可以通过制造冲突、增加时间限制、使用转折点、埋伏笔等方式制造意外的效果，加强情节张力，从而维持观众对故事的兴趣。

剧本可充分利用网络及信息技术的优势，选择共享文档形式进行编写，这样有助于团队高效完成任务。教师也可以及时通过协作记录确定每名组员的项目完成情况，并以此作为评价的依据。编辑时可以对不同场景、人物对白等进行分颜色标注，明确划分场景设计及演员彩排内容。

为保证表演不超出预定的时间，撰写剧本时要标注每个环节所需的时间，尽量精确到秒，一般总体控制在 7 分钟左右为宜，要为搬运道具等情况预留足够的时间。

5. 制作过程

服装、道具的设计以及海报的制作都是团队创新精神和实践能力的最好体现，需要按照从整体到局部的原则，将大面积的场景搭建作为整体风格及色彩把控的基础，再依次协调和区分人物服装的颜色，确定道具、海报的设计及制作方案，有效避免展示时带给观众视觉混乱的感受。

制作时可启发学生巧妙地利用生活中常见及废旧的物品，从结构稳固、便于携带、仿真度高等角度出发，运用不熟悉的方式创造性地完成制作，达到轻松吸引观众眼球的效果。图3-11展示了学生利用废旧材料制作的服装。

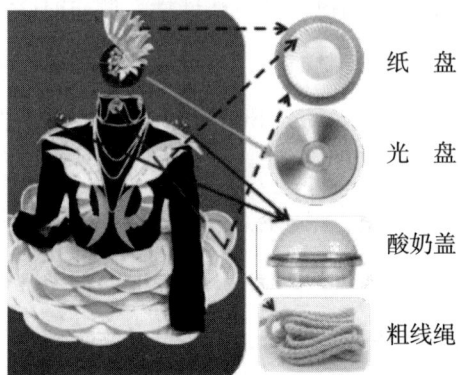

图 3-11　利用废旧材料制作的服装

STEM 活动案例 3-5：创意微拍 "1+1" 项目课程活动设计 [①]

一、课程目标

（一）实践方面

（1）绘画基础：学生能够运用美术基础完成服装及道具的设计和绘制。

（2）剧本编排：学生能够通过想象、构思将科技产品的发展历程以表演的形式展示出来。

（3）创意实践：学生能够联系现实生活，结合实用功能和审美要求完成背景、服装及道具的设计制作。

---

① 案例设计与实施者：中国人民大学附属中学实验小学李梓鸥老师。

（二）科学技术方面

（1）学生能够安全并熟练地使用生活中的实用工具，如剪刀、美工刀、螺丝刀、手锯、热熔胶枪等。

（2）学生能够了解生活中常见材料的特性，并通过粘贴、黏结、缝纫、捆扎、镶嵌等工艺进行创意制作。

（3）学生能够了解常用电子元件的功能及特性，并使用常用电子元件依据基础电路、电与磁、重力、重心等科学原理进行创意制作。

（三）思想文化方面

（1）学生能够了解与科技内容相关的发明历史、改进方式。

（2）学生能够锤炼工匠精神，在手工制作的过程中严肃认真，专注所做，享受创作过程。

（3）学生能够塑造创新意识，通过使用熟悉的材料，运用不熟悉的方式进行创作，训练创新性的个性化表达。

二、课程内容（见表3-2）

表3-2　课程内容及课时安排

学习主题	驱动性问题	核心任务	学习目标	课时安排
主题1 项目解析	什么是创意微拍"1+1"？我们需要做什么准备？	深入了解竞赛规则；明确任务，制订计划。	对比近四年竞赛题目，分析相同点及不同点；理解当年下发的题目内容及要求；确定每位队员的任务，完成本组项目计划的制订。	2课时
主题2 撰写剧本	怎样确定故事的主题？剧本如何进行撰写？	头脑风暴，确定主题；分场景撰写剧本。	通过调研科技产品的发明、演变及背后的文化，确认最终主题；根据调研资料，完成剧本的撰写。	2课时

学习主题	驱动性问题	核心任务	学习目标	课时安排
主题3 制作服装	舞台表演服装与日常服装有哪些区别？怎样结合剧情设计、制作人物的服装？	设计、制作表演服装。	绘制人物服装草图，测量相关数据；结合设计图选择适宜的材料完成服装的制作。	3课时
主题4 制作道具	如何制作以假乱真的道具？	通过案例了解道具设计制作的原理。	利用已有知识，设计道具；选用适宜的材料完成本组道具制作。	3课时
主题5 绘制海报	什么是海报设计？怎样才能使本组的海报与众不同？	完成海报的设计与制作。	了解海报版面设计方法；结合剧情绘制海报。	2课时
主题6 表演展示	如何更精彩地向大家展示故事？	完成表演的彩排和最终展示。	进行表演的彩排、展示，时间控制在8分钟以内。	2课时

三、评价方式

（一）教师评价

教师在活动中可采用过程性评价、终结性评价等多元化评价方式，在收集学生学习证据的同时，为学生提供更多的机会来展示自己的学习成果，并以此来检验自己的教学。

（二）组长评价

（1）组长根据"任务"或课程的完成情况对小组成果进行评价。

（2）组长根据各组的协作意识、组员的参与程度等对各组的团队合作情况进行评价。

（3）组长根据分工，对组员个人任务完成情况进行评价。

（组长有指导组员完成工作的任务，因此他的最终得分应是小组的平均分加上他个人得分后的平均分。）

四、学生作品方案

（一）2019年创意微拍"1+1"作品——《肉"钟"于煮好了》（见图3-12）

图 3-12　学生设计的海报和服装

海报采用了绘制、拼接的设计和制作方法。使用的材料及工具：素描纸、卡纸、水彩笔、乳胶、剪刀、亮粉。设计说明：以拟人的方法绘制了三个时期最具代表性的计时工具，用剪贴的方法对火焰及文字部分进行立体变形处理，使画面更具层次感。

服装设计说明：部落首领的服装比较有地域特色，选择用无纺布作为服装打底部分，将牛皮纸剪成细条、卷成尺寸一样的纸卷，模拟稻草的效果。野兽牙齿的项链部分则是用超轻黏土塑形，固定在较粗的线绳上来完成的。为体现首领的威严，头饰部分则使用羽毛，染色后缝制在毛线帽子四周，佩戴方便，仿真度高。

道具设计说明：煮肉的锅、火焰、木柴，选用雨伞、KT板、LED灯（红色）、丙烯颜料等材料制作而成，不仅方便携带，还可根据剧情展示火焰燃烧的效果。未来计时工具使用全息影像效果呈现，给观众以神奇的科技体验。

（二）2020年创意微拍"1+1"作品——《心"新"相印》（见图3-13）

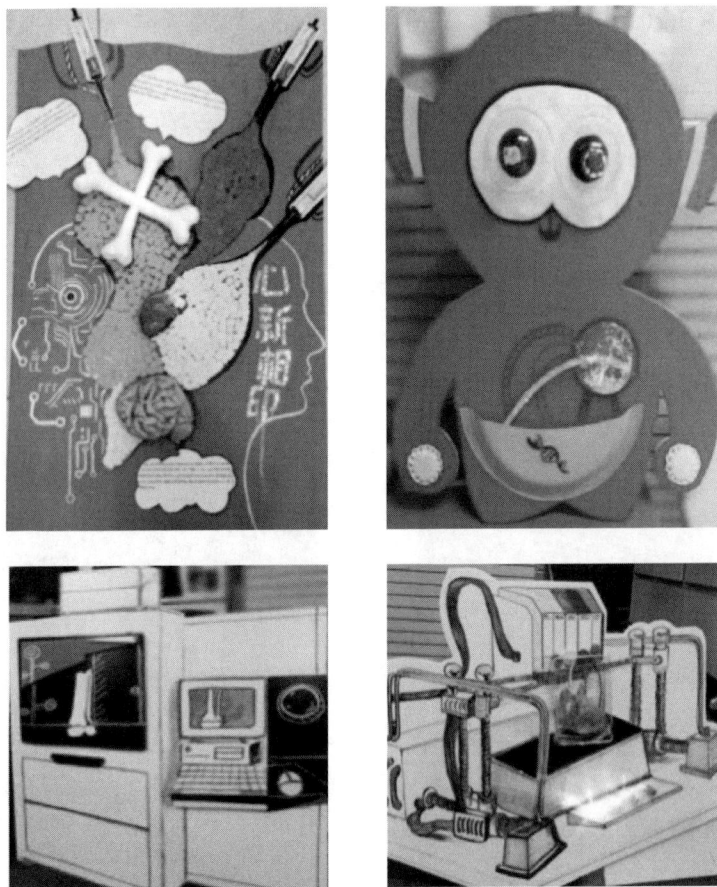

图3-13　学生设计的海报和道具

　　海报采用了绘制、立体塑形、拼接等制作方法。使用的材料及工具：素描纸、卡纸、超轻黏土、KT板、透明塑胶管、丙烯颜料、油画笔、亮粉、乳胶、尺子、剪刀、美工刀。设计说明：为更好地贴合主题，不同时期打印出的器官均使用超轻黏土进行立体塑形，并采用丙烯颜料着色，使其更贴近真实器官的效果。3D生物打印机的喷头则选用透明塑胶管黏合、固定，打印出的粒子则选择了裁剪后的彩纸及亮粉拼接，再用乳胶一片一片黏合而成。

道具设计说明：两台生物打印机均选择最常见的 KT 板等材料绘制完成，高度还原了真实仪器的效果。使用的材料及工具：KT 板、超轻黏土、扭扭棒、油性符号笔、丙烯颜料、油画笔、LED 指环灯（四色）、美工刀。未来智能打印机器人——小新是在广告泡沫板上用超轻黏土、纸盘等材料塑形，借助 LED 指环灯使眼睛具备闪烁功能，使用遥控汽车作为驱动装置，实现根据指令行走的效果。

专家点评

创意微拍"1+1"项目依托 STEM 教育理念设计，强调科技与艺术的融合。项目着力提升学生总结归纳科学技术创新的一般规律，并以艺术的表现形式再现科技发展历程的综合能力。2020 年，中国人民大学附属中学实验小学的创意微拍"1+1"作品《心"新"相印》，荣获全国总决赛小学组金奖。同年 8 月，他们的作品被全国青少年未来工程师博览与竞赛组委会推荐参与了 2020 年全国科技活动周"仰望星空"科学之夜的现场展示活动。李梓鸥老师将创意微拍"1+1"项目课程化的大胆尝试，也正是未来工程师项目的意义所在。"创意微拍'1+1'项目课程活动设计"是非常典型的倡导科技与人文素养融合的 STEM 活动，非常值得教师们借鉴和学习。

（北京市校外教育研究室副主任　翟敬群）

五、基于人工智能的 STEM 活动

（一）人工智能与教育

国务院《新一代人工智能发展规划》明确提出，要"在中小学阶段设置人工智能相关课程，逐步推广编程教育"；教育部《教育信息化 2.0 行动计划》指出，要"充实适应信息时代、智能时代发展需要的人工智能和编程课程内容"。

随着相关文件的出台，越来越多的专家学者注重人工智能与教育领域的融合。目前，人工智能在教育领域的实施已渗透至学校、家庭等多个学习场景，较为成熟的应用领域如下。

1. 智能评测

通过智能技术采集信息，对学生进行测评。如中高考口语检测、四六级考试，通过智能评测技术解决教师阅卷存在主观性、标准不一等弊端，实现低成本、大规模的测评。

2. 自适应学习

依托智能技术，根据学生对不同知识点的掌握情况进行精准评测，针对个体薄弱知识点推送教学资源及难度适中的练习，提升学习效率。

3. 智能交互

利用 AR（增强现实）等技术创设情境、真实体验，促进学生主动发现问题和解决问题，有效提高学生注意力。研发智伴机器人，学生与智伴机器人产生大量交互，以自然的方式实现教学目的，在轻松愉悦的氛围中完成学习任务，提高学生学习兴趣。

当然，智能化在线教学和双师课堂应用也较为广泛，如通过视觉等综合技术辅助教师更好地了解学生课上状态，为教学效果分析提供依据；利用智能技术研发提效工具，如智能组卷、智能批改，减轻多方教育负担。虽然人工智能在教育领域多个方面进行大量赋能，极大地提升了教育质量及教学效率，但尚未实现与教育全过程的融合，且在学生情感、态度、价值观等方面的综合培养还需进一步探索。

（二）人工智能技术赋能 STEM 教育实施

STEM 教育基于学科融合思想，在探究中实现真实问题的解决，培养学生的创新能力和综合实践能力；人工智能则是基于科学知识与技术解决生活中存在的不便问题。二者之间存在一定的关联性，为人工智能与 STEM 教育领域课程融合打开了突破口。两者的融合，可以更好地实现学生综合素养的培养。

1. 定位

在 STEM 教育中，"技术"本身就是其课程支撑的一部分，是否具备所需技能是问题得以解决的关键之一。同时，现代智能技术可以为学生解决新问题提供方向和思路。因此，学生需要一定的技术技能储备，以应对现实问题。此外，现代数据的获取、分析、处理、应用已成为人工智能领域交互、置换、问题解决的主流方式。利用编程思维训练可以更好地锻炼学生的深度思考和问题解决能力，使人工智能与课程教学之间的联系更加紧密。

2. 路径

充分发挥人工智能引领作用，将人工智能技术贯穿课程始终，可以最大化地展现其教育价值。

（1）课前

通过人工智能技术模拟真实情境，学生在感受科技魅力的同时深入思考，提出感兴趣的问题，产生主题探究意向；借助智能化平台为学生组建资源库，学生在平台中检索感兴趣的内容，选择对应学科的资源包自主学习，为进一步的问题解决打下基础。

（2）课中

基于对问题的基础性探索，学生在模拟设备体验、仿真实验、动手实践过程中找到问题解决方向，初步形成解决方案；通过编程软件设计模拟运行，检测效果，发现问题，不断优化；利用智能化教学组件实现创意模型的搭建，最终解决探究的问题。

（3）课后

学生将探究的过程性资料分阶段上传至资源共享平台，方便反思追溯，保留一手学习资料；开展线上知识挑战赛，有针对性地训练学生相关学科基础知识及应用技能，增强探究乐趣；利用仿真软件，进行作品布展设计，充分发挥学生主观能动性。

3. 实施

人工智能与STEM教育领域课程融合聚焦"课程""活动""教师"三大要素，以家、校、社（实际问题）为基点，以项目化学习为支点，以学科整合为依托，开发符合学情且独具特色的精品课程，让学生在发现、体验、创造的过程中不断成长。

（1）课程研发

人工智能与STEM教育领域课程融合着重拓展实施三类课程：一是增设课前延伸指导课，夯实问题探究背景的实践研究；二是开设全学科渗透课，引导全体教师将"STEM+"教育理念和方法融入各学科教学；三是分学段开设校本常态课，例如小学阶段，低年级可实施STEM创新思维常态课，中高年级可实施STEM创新编程拓展课，为学生综合发展铺路搭桥。

（2）活动打造

STEM理念下的主题活动需以学生为主体，根据学生现有水平，围绕真实情境问题，设计活动内容。在活动实施前教师需要利用智能手段预判分析教学活动的可行性，预期教学成效，形成教学预案，并在实施过程中根据学生反馈灵活调整活动设计。

（3）教师培养

人工智能与STEM教育领域课程融合采用"1+2+X"导师制的合作育人模式，破解专业师资不足的问题，形成"专家导师为引领，学科教师、班主任为骨干，相关学科教师为补充"的师资团队，在实践活动中与学生共同学习、结伴成长，提升团队综合研发实践能力。

（三）基于人工智能的 STEM 活动实例

设计和实施整个 STEM 活动，需注重人工智能技术的运用，特别是注重编程与物联网技术的融合，按照"真实情境出发（发现和分析问题）—虚拟情境创造（解决问题）—真实情境运用（成果呈现）"的步骤，让学生在"真实"到"虚拟"再到"真实"的探究活动中，切实提升实践创新能力。

威海市码头小学依托学校资源优势，通过创设基于真实农业问题的生产生活情境，进行角色扮演、场所管理、流程设计、产品溯源、衍生产品开发等生产劳动体验，并基于人工智能技术，着重开展符合小学生认知发展水平的"我的 AI 植物梦工厂"系列 STEM 活动，让学生在能力可及的"观、思、做"中，提升动手实践和创新创造能力，感受智慧农业和生产劳动的魅力。

STEM 活动案例 3-6：我的 AI 植物梦工厂[①]

一、活动背景

现实生活中，学生对基于人工智能的智慧农业了解甚微。为此，学校将植物工厂这一未来智慧农业的重要形式引入校园，为学生打造真实的 AI 劳动空间。我们模拟现实工厂，以"自主推荐 + 双向选择"的方式，招募乐探究、善动手、对植物种植新技术感兴趣的学生，成为植物工厂"员工"。"员工"通过实地参观、系统设计、工厂搭建等活动进行系统化学习和模拟工厂体验，通过做中学、学中思、思中做，培养创新兴趣，深挖创意潜质，提升实践创新能力。

---

① 案例设计与实施者：威海市码头小学姚芳老师。

二、活动目标

（1）学生能够了解植物工厂现代农业种植技术，使用电子设备采集工厂数据；能够学习水培微盆栽的基本结构及制作方法，初步设想智能盆栽内部结构并绘制草图。

（2）学生能够探究植物的生长条件及影响因素，编程设计满足植物生长条件的智能控制系统，及时发现问题并优化解决，根据盆栽特点进行个性化调试。

（3）学生能够体验制作智能水培装置的乐趣，感受电力、物联网科技给生活和创造带来的便利和乐趣，组建个性化 AI 植物工厂。

三、活动准备

（1）经验准备：学生已经学习基本的植物养护知识；会用编程软件进行简单的程序编写，初步具备借助传感器解决常见问题的综合能力。

（2）材料准备：植物工厂现代农业技术的相关资料，主控板、元器件、小风扇、电热板等智能组件，胶枪、剪刀、支架、保温塑料等辅助材料。

四、活动实施过程

（一）活动一：实地参观，激发创意

1.活动目标

（1）学生能够了解农业发展现状及存在的问题，掌握植物工厂无土栽培技术工作原理，学会使用 pH 值测试笔、照度计、温度计等手持电子设备采集数据信息。

（2）学生能够搜集学习植物工厂相关资料，初步形成自己制作桌面 AI 盆栽的设想，绘制设计草图。

（3）学生能够感受科技对现代农业的影响，乐于参加科学探究活动。

2.活动过程

（1）教师播放自然农业面临的问题视频，学生交流、讨论解决方案；

实地参观校园植物工厂（见图 3-14），了解无土栽培技术的奥秘，感受 AI 智能化精量播种育苗技术的神奇，为进一步探寻植物生长必要条件的学习打下基础。

图 3-14　学生参观校园植物工厂

（2）学生交流实地参观的感受，并提出自己的疑问和猜想：这些植物从水里获取养分吗？为什么给植物吹空调？以问题激发学生自主探究的兴趣，学生自学智能平台课程资源，进一步了解植物工厂及智慧农业相关知识。

（3）学生交流自己的学习成果，教师进行总结提升，共同梳理植物工厂的工作流程及自动控制系统的核心技术。

（4）教师讲解日常培育仪器设备的功能作用，学生尝试使用并采集数据，体验不同岗位技术人员的工作内容。教师播放毛细现象微视频，交流实验发现，激发学生初步产生自制自动给水盆栽的设想。教师现场演示、讲解盆栽制作的方法和要领。学生尝试制作，初步探索 AI 微盆栽模型设计。

（二）活动二：探究条件，设计系统

1. 活动目标

（1）学生能够了解植物生长必要的环境条件，选择自己喜欢的盆栽植物并总结梳理其生长条件的适宜范围。

（2）学生能够根据植物工厂的运作原理，初步利用 Scratch 编程软件、主控板及所需的传感器智能组件实现自控系统设计，并对模型进行优化测试。

（3）学生能够体验系统设计与调试的乐趣。

2. 活动过程

（1）学生体验植物工厂选种、浸种、播种、育苗、定植等种植过程，观察记录菜苗不同阶段的生长情况，根据前期采集的数据分析总结植物生长出现问题的原因，更好地了解植物生长条件及其作用。

（2）教师在智能平台上为学生提供观赏花卉、绿叶蔬菜、实用菌类、果实类等学习资源包，学生从中选择自己喜欢的绿植，探究其外部生长条件，并查阅相关资料进行扩充，完成植物资料袋的填写。

（3）学生根据自己所选绿植的生长要求，利用编程软件逐一从光照、空气、水肥、温度、湿度五个方面设计自控系统并进行调试，选择可满足自控植物生长的智能组件，初步实现自控系统制作。

①学生从植物工厂的运作模式中总结出"传感器—主控板—继电器"工作路径，根据所选绿植生长特性，设计满足植物生长的工作流程图。

②学生根据流程图，利用软件进行编程设计，在设计过程中不断试错、改进，最终使得程序正常运行。

③教师提供智能组件，学生完成五大自控系统搭建。

（4）教师组织学生进行组间评价，在观察交流中优化自控系统。

（三）活动三：工厂搭建，评价优化

1. 活动目标

（1）学生能够组合搭建 AI 植物微盆栽，并对盆栽模型进行优化测试。

（2）通过智能种植试验，学生能够观察植物生长情况，不断优化改进。在自评与互评过程中，逐步发展评价与反思意识。

（3）学生能够提高对智慧农业的兴趣，深化对人工智能的认识，关心科学和技术的发展。

2. 活动过程

（1）学生组建自己的 AI 植物微盆栽，根据所选植物的特点进行个性化调适。在家中模拟智能种植，在一个生长周期后完成种植报告，检测 AI 盆栽是否可以智能化满足植物生长需求，找出存在的问题，进行二次优化。

（2）美化盆栽，入驻梦工厂。教师为学生提供一间实践教室，打造"AI 植物梦工厂"。学生根据作品类别确立主题、设计展会标识（logo）及宣传海报，通过仿真软件对室内展区进行规划布局，邀请全校师生参观，各主题选派代表进行解说演示，线上投票评选最佳作品。

（3）学生在展会上展示交流自己的研究成果，在获得极大成就感的同时，也锻炼了自身的语言表达和逻辑思维能力。"AI 植物梦工厂"以项目成果展示的方式进一步阐释、普及现代智慧农业技术，让更多学生感受人工智能为生活带来的便利。

专家点评

　　STEM 教育的最初愿望是培养学生的学习能力，激发学习兴趣、保持学习热情，培养学生学会观察、学会提出问题、学会收集整理相关信息、学会提出解决问题的假设、学会验证假设等，通过"做中学"培养学生的高阶思维能力。"我的 AI 植物梦工厂"活动案例，很好地诠释了这一理念。

　　本活动案例有这样几个特点：一是解决现实生活中学生对智慧农业了解甚微的问题；二是按照工程设计的原理设计植物工厂；三是所有学生切实地参与到设计和探索之中；四是学生能够在展示和评价过程中进行团队协作；五是运用数学统计的方法收集整理数据。

　　本活动为我们提供了一个很好的基于人工智能的 STEM 活动案例。

（教育部"国培计划"专家　马华威）

六、基于学科的 STEM 活动

STEM 活动在中小学的开展离不开各学科日常教育教学的积累，包括了科学、数学等学科教育，以及日益增多的技术工程领域的课程内容。本书以小学科学学科为例，探讨如何开展基于科学学科特色的 STEM 活动。

（一）学科特色活动的背景

1. 基于义务教育科学课程标准的明确要求

科学教育经过十几年的课改，其科学探究的特质已被越来越多的人所重视，《义务教育科学课程标准（2022 年版）》明确指出义务教育科学课程是一门体现科学本质的综合性基础课程，具有实践性。在学科核心概念中涵盖了"技术、工程与社会"及"工程设计与物化"两个学习内容，旨在让学生了解技术与工程实践的一般过程和方法，针对实际需要明确问题、提出有创意的方案，并根据科学原理或限制条件进行筛选；实施计划，利用工具和材料进行加工制作；根据实际效果进行修改迭代；用自制的简单装置及实物模型验证或展示某些原理、现象和设想。STEM 活动面向真实的生活世界，通过前期调研、科学探究、模型制作等活动开展研究性学习，在探索中成长，在感知中学习，帮助学生建立学习与生活的有机联系。因此，在义务教育科学课程实施过程中，产生了一大批基于科学学科特色的 STEM 活动。

2. 基于小学阶段学生动手实践的兴趣需求

具有学科特色的 STEM 活动对于学生动手实践的兴趣发展尤为重要。小学阶段跨越六年的时间，学生在每个阶段的能力和学识有所不同，但是同样具有对事物的好奇心与丰富的想象力。随着年龄的增长，学生各学科知识在不断地形成网状链接，问题解决能力在不断增强，尤其是通过动手实践来解决问题的愿望日渐强烈。

（二）学科特色活动的目标

STEM 教育崇尚从真实世界出发，紧密联系学生的生活实际，选择具有时代气息、顺应社会发展趋势、符合学生学情特征、可迁移转化的内容，趣味性与挑战性共存，实践性与综合性并重。同时，STEM 教育立足于不同学段学生的知识储备及经验感受，采取项目式学习的活动形式，引导学生自主思考、合作探究，进行设计、制作、测试、迭代等丰富多彩的实践活动，促进学生核心素养与关键能力的形成与发展。所以，基于学科特色的 STEM 活动普遍具有以下活动目标。

1. 知识与技能

通过学科知识的学习与积累，学生能够了解生命科学、物质科学、地球与宇宙科学及技术工程领域的基本学科概念；通过动手实践，学生能够综合运用学科知识进行创意设计并物化表达，提升发现和解决问题的技巧，培养工程思维与创新思维。

2. 过程与方法

通过小组合作、查阅资料进行研究，学生能够掌握自主学习的方法，促进学习方式的转变，体验"明确问题—设计方案—制作模型—测试优化—交流分享—拓展应用"的基本流程，掌握设计与制作的技巧与方法。

3. 情感态度价值观

学生能够尊重学科原理，不断提升学科兴趣。例如，关心科学技术的发展，保持对自然现象的好奇心和求知欲，逐步培养创新意识，敢于依据客观事实提出自己的见解，能听取与分析不同的意见，初步养成善于与人交流分享与写作的习惯。

（三）学科特色活动的实例

基于学科特色的 STEM 活动内容丰富、形式多样，每个学段、每位教师、每个学校都可以经过细心的策划与缜密的安排部署，实现活动的落地，让每一个学生在活动中体会 STEM 活动的魅力所在，助力学生学科素养的提升。

"中国 STEM 教育 2029 行动计划"首批 STEM 种子教师杜莹老师，基于小学的学科背景及学生特点，将科学学科作为整个 STEM 活动的基础支撑学科，以"将学生创意想法物化实现，培养学生融会贯通地运用多学科知识解决实际问题的能力，鼓励学生应用科学知识、原理及工程设计的基本流程完成设计与制作，感受船舶技术发展，投身海洋强国建设"为 STEM 活动目标，设计了以"踏浪扬帆，圆梦追逐"为主题的学科特色实践活动。

STEM 活动案例 3-7：踏浪扬帆，圆梦追逐 [①]

一、案例简介

船舶设计是学科综合性极强的活动载体，涵盖了科学、技术、数学、工程等多个领域，不仅符合 STEM 教育理念的内在要求，更是《中小学综合实践活动课程指导纲要》的目标指向。

[①] 案例设计与实施者：西安高新区实验小学杜莹老师。

二、活动规划

（一）活动主题

一、二年级为第一学段，活动主题为"创意船模设计与制作"，重点关注学生的创意表达及物化实现；三、四年级为第二学段，活动主题为"船只模型承重"，重点引导学生应用力学等相关知识设计承重能力强的船只；五、六年级为第三学段，活动主题为"船只模型直线竞速"，重点关注学生对于船只动力系统的设计与制作。

（二）活动重难点及创新点

1. 重点

通过前期调查、自主探索，学生能够了解船舶发展的历程以及趋势；通过 STEM 项目——船舶模型设计制作，学生能够掌握各种工具、材料的使用方法；通过一系列丰富且有层次的活动，学生能够体验船舶工程师的工作，发展自身工程技术、创新物化和团队精神等核心素养，理解工程设计与人们生产、生活之间的密切关系。

2. 难点

（1）活动中丰富的资源内容及开放式的学习环境可能会导致学生搜集资料较为困难，理解、吸收较缓慢。

（2）船舶模型的设计，包括规范绘制图纸、合理选择材料以及确定动力方式对于小学生来讲较为困难。

（3）学生由于技术经验不足，对一些材料的处理无法达到预期效果。

3. 活动创新点

（1）选题新颖。主题活动的切入点为船舶工程教育，结合社会热点及学校环境资源等各方面。该主题目前在各中小学比较少见，也与书本教学的内容不同，学生参与船舶模型制作是围绕真实世界和现实生活进行的探索和实践，也可借此了解发展中的船舶技术，能全面感受知识与技能在生活中的应用。

（2）主线明晰。围绕"船舶"主线，三个学段活动内容层层递进，始终将学生的心理发展特点、知识能力水平与探究实践活动有机结合，在面向全校学生的同时，充分考虑不同年龄阶段学生的个性与共性，让每个学段的学生都能充分参与并感受到探索、设计、实践的乐趣。

（3）学科融合。主题活动基于项目式学习，遵循 STEM 教育理念设计活动，从现实生活中的问题解决、创意物化入手，设计符合学生发展进阶的项目课程，提供涉及数学、工程、技术和基础科学、应用科学及材料科学等多个领域的学习体验，培养学生的工程思维与创新思维。

（4）评价多元。各项活动内容有具体对应的学习资料及明确的学生任务，鼓励、引导学生积极参与，在形成丰富学习成果的同时，以过程性和终结性评价相结合、个人评价和集体评价相结合等多元手段使学生得到客观、公正、积极的教学评价的激励，感受学习与实践的幸福和成长的快乐。

（5）多方共育。家、校、社共育是新时代倡导的多向沟通、相互合作、优势互补、共同育人的完美教育。主题活动注重结合社会热点、家长力量以及学生主动参与，有效形成教育合力，促进学生核心素养的达成。

（三）活动评价方式

1.过程性评价和终结性评价相结合

过程性评价主要包括学生在各项实践活动中的纪律意识、安全意识、学习态度、合作精神、实践操作能力等方面，由指导教师对所有成员按照考勤、纪律、任务完成情况进行记录打分；终结性评价包括设计图纸、成果作品、表达情况、承重测试，每项活动均制定相应的评价内容，并邀请专家集中评选出优秀作品。

2.个人评价和集体评价相结合

一方面，每位学生依据标准对自己的各项实践活动行为进行全面的分析评价；另一方面，其他学生和教师针对学生个人在团队中的具体行为表现和责任担当进行评价，以正向引导和鼓舞激励为原则。

（四）活动实施保障

在活动实施过程中，要在一个月内，在不影响正常的各学科教育教学活动的基础上，保质保量地完成学科特色活动，就需要缜密的部署与安排。

1.长周期活动，时间规划很关键

本次活动为期一个月，从项目发布到最终实施，每一天都在计划之内，要给足活动举办者充足的作品审核时间。

2.大规模活动，场地安排很重要

大规模活动，要充分考虑场馆的承载能力。实物作品收集地点、最终竞赛地点分别设置在不同的场馆，避免了作品的杂乱堆放，使活动得以有序开展。

3.分层次活动，学生体验很宝贵

我们为学生提供了展示作品的场地，同时也按照年级顺序，利用大课间及科技社团活动时间，为学生设置了参观学习、互动交流时间。

三、活动具体实施

下面以三、四年级"船只模型承重"活动为例展开具体介绍。

（一）活动目标

该 STEM 活动是在学生科学学科学习了浮力知识的基础上，通过制造船模，激发学生探究物体体积与沉浮之间关系、船承载量和船舱大小之间关系的兴趣，提高学生的材料处理技巧和结构设计能力。通过实践与测试环节，学生认识到船的承载量不仅与体积有关，同时也与材料选择及制作技术有关，体验工程设计的过程，了解工程问题的复杂性及多角度思考并解决问题的重要性。该 STEM 活动的具体学科目标如下。

科学：了解物体体积对物体所受浮力及承载力的影响。

技术：掌握船的制作技术及材料连接与组合的技巧。

工程：了解设计、实践、测试、优化的工程设计流程，能够运用工程思维解决实际问题。

数学：学会计算模型比例，掌握船身各结构的测量与计算方法。

艺术：注重项目作品外形的美观与艺术性，能够进行创意表达。

（二）活动材料

制作材料不限，可采用易拉罐、泡沫板、锡纸、吸管、矿泉水瓶、废旧纸盒等材料。其他材料包括剪刀、胶带、便签、砝码等。

（三）活动过程

本活动的实施过程主要分为提出问题、方案设计、制作模型、模型测试、交流分享、迭代设计、承重竞赛、成果展示八大环节（见图3-15）。

提出问题	➤任务发布：制作一艘承重能力强的船只 ➤科技加油站：船的发展史、船的结构、影响船承重能力的因素
方案设计	➤出示材料：吸管、泡沫板、锡纸、胶带等 ➤明确评价标准：基础承重，能够承重4个砝码；船王争夺，承重最多 ➤设计要求：画设计图并标示材料名称 ➤设计与分享
制作模型	➤制作船只模型
模型测试	➤规则介绍：基础承重，船王争夺 ➤学生测试
交流分享	➤作品展示：介绍设计思路及问题 ➤生生互评，教师点评
迭代设计	➤反思并优化作品
承重竞赛	➤船只模型承重竞赛：外观、讲解、承重
成果展示	➤展板展台：学生作品及过程性资料

图3-15 活动流程图

第四章　按照活动形式划分的 STEM活动

校本课程

俱乐部和社团

科技节及相关活动

H₂O

插画4　按照活动形式划分的STEM活动

一、校本课程

本书第一章探讨了 STEM 活动与课程的关系：STEM 活动是 STEM 课程的一部分，STEM 活动也是 STEM 课程实施的载体。

活动课程是打破学科逻辑组织的界限，以学生的兴趣、动机、需要和能力为基础，以学生的经验为中心组织实施的课程。

STEM 校本课程是由学校全体教师、部分教师或个别教师编制、实施和评价的特色校本课程，具有明显的活动课程特征。

目前，我国部分中小学校根据自身实际，开设了不同主题的 STEM 校本课程，并依托这些校本课程开展了丰富多彩的 STEM 活动。

STEM 校本课程是促进 STEM 活动顺利开展的一种重要手段。接下来，我们将从小学、初中、高中三个学段，选取依托 STEM 校本课程开展活动的实例阐述课程和活动的关系，以及如何依托 STEM 课程实施 STEM 活动。

（一）小学 STEM 校本课程实例

自古以来就有"靠山吃山，靠海吃海"的说法。STEM 校本课程的活动主题选择也可以按照这个思路来——靠山研究解决山的问题，靠海研究解决海的问题。

这个思路最朴素的一点在于：STEM 活动的开展尽可能围绕学生触手可及、耳熟能详的身边环境展开设计。这样做的好处有两点：一是保证了所选主题是学生身边的真实世界的真实问题；二是在活动过程中可以更方便地整合教学资源。

地处山区的学校，教师可以设计与山有关的 STEM 活动。地处海边的学校，教师可以设计与海有关的 STEM 活动。本书选取了地处四川山区的"山路十八弯"和青岛市海边的"'STEM+ 海洋'主题活动"这两个 STEM 活动案例，来展示以地域特色为主题的 STEM 校本课程活动开展的形式和内容。

其中，四川的汶川县雁门小学校是中国教育科学研究院"中国 STEM 教育 2029 行动计划"的 STEM 种子学校；青岛嘉峪关学校是中国教育科学研究院"中国 STEM 教育 2029 行动计划"的 STEM 领航学校，也是全国未来工程师项目的俱乐部基地校。

STEM 活动案例 4-1：山路十八弯 [①]

一、校本课程概况

丰富学生科学实践、培养学生自主探究、营造创新环境是 STEM 教育的重要目标。本课程以少数民族地区山区学生所处地理环境为设计背景，以《义务教育科学课程标准（2022 年版）》中"物质的运动与相互作用"知识为切入点，拓展课程内容，融合 STEM 教育理念，以山区的盘山公路为素材开发校本课程"山路十八弯"。

二、校本课程实施

本课程利用科学课与课后服务的时间开展，由校内与校外活动两部分组成。"山路十八弯"适用于小学三至六年级，计划用三课时完成。

第一课时，造山；第二课时，修路；第三课时，实地调查、报告展示。

三、校本课程内容

（一）探究活动一：识山画山

1. 出示家乡地理环境图片

学生说一说家乡的山，画一画眼中的山。

---

① 案例设计与实施者：汶川县雁门小学校张莉、何林老师。

小结：海拔高度与垂直距离的定义。

2.分析山的陡峭与坡度的关系

小结：山的坡度是指山坡的斜面与地面角度的大小。角度越大，坡度越大，山越陡；角度越小，坡度越小，山越平。

（设计意图：从学生熟悉的生活环境入手，让学生经历视觉感受、语言描述、绘图记录的抽象过程，以此提升学生的抽象、表达与绘制地理图形等能力。）

（二）探究活动二：造山

1.出示材料，拟定方案

学生用提供的材料在10分钟内，造一座高30 cm、坡度大于或等于60°的山体模型；学生讨论、交流，拟定方案。

（设计意图：用任务进行驱动，让学生根据提供的材料和工具对目标任务进行分解，引导学生展开讨论并提炼想法，形成步骤，尝试用不同的方法解决同一问题。）

2.量表牵引，建造模型

（1）学生明确小组成员责任，教师发放山体模型质量检测表（见表4-1）。

表4-1　山体模型质量检测表

检测项目	检测标准				得分
	0	1	2	3	
建造用时	>14 min	12—14 min（包含14 min）	10—12 min（包含12 min）	≤ 10 min	
高度	大于或小于30 cm	—	—	30 cm	
坡度	< 40°	40°—50°（包含40°）	50°—60°（包含50°）	≥ 60°	

检测项目	检测标准				得分
	0	1	2	3	
造型	完全不符合	—	—	完全符合	
合计					

（2）学生分工合作、进行建造，小组根据表格进行检测。

（设计意图：让学生根据自己的特长确定各自在山体建造项目中的角色，通过合作的方式共同完成建造山体的项目，感受团队的作用；根据山体模型质量检测表引导学生修改设计，进行建造，不断完善。）

3.展示评价，迭代改进

（1）学生展示作品，分享经验，根据量表对作品进行自我评价。

（2）学生展开他评。

（3）学生反思、修改，完善作品。

（设计意图：通过展示、评价、交流等种种重要的学习提升手段，让学生反思自身不足，吸取他人经验，进而不断改进、完善作品，提升思维水平和动手能力；拉近学生之间的距离，培养学生的合作能力。）

（三）探究活动三：修路

1.创设情景，聚焦问题

教师出示人背、马驮、车拉的图片，问：山上的农产品成熟了，用哪种方式能将它安全、快速地运送出去？为什么？

师：无论哪种方式，都离不开路。在人背、马驮的年代，山里的东西运不出去，守着金山银山受穷，现在家家户户奔小康，都是因为路。今天，我们来修一条路。

任务驱动：10分钟内修一条山路，让玻璃珠沿山路从山顶慢慢、连续地滚到山脚，滚动时间最长者获胜。

（设计意图：从学生熟悉的生活场景出发引起学生的共鸣，让学生感受到道路发展对人们生活方式的影响，利用任务进行驱动，揭示研究主题，明确研究方向。）

2. 设计路线，制订计划

（1）说一说山上的路是什么样的？

小结：像这样盘绕山体修建的公路就是盘山公路。

师：在设计盘山公路的路线时，我们需要考虑哪些因素？

学生画路线，展示、交流，修改路线。

（2）小组讨论：用什么工具来修路？谁来做什么？怎样修路？全班交流、修改计划。

（设计意图：通过忆、想、说、画，确定玻璃珠行径路线，联系《物体的运动》单元中影响物体运动快慢的因素——物体运动的长短，想办法增加路线的长度，在展示、交流、借鉴中进一步完善设计。）

3. 动手修路，量表牵引

教师出示 10 分钟倒计时，学生根据设计图在山体上修建公路；各小组利用玻璃珠进行测试，发现问题及时调整；各小组根据盘山公路质量检测表（见表 4-2）对小组修建的山路进行检测。

表 4-2　盘山公路质量检测表

检测项目	检测标准				得分
	0	1	2	3	
建造用时	>14 min	12—14 min（包含 14 min）	10—12 min（包含 12 min）	≤ 10 min	
公路长度	<50 cm	—	—	≥ 50 cm	
是否与设计图纸一致	否	—	—	是	
滚动连续性	不能一次性滚完	—	—	一次性滚完	
滚动时间	<6 s	6—10 s（包含 6 s）	10—14 s（包含 10 s）	≥ 14 s	

检测项目	检测标准				得分
	0	1	2	3	
是否脱轨	是	—	—	否	
合计					

（设计意图：照图施工，让学生意识到设计图纸的重要性，在课堂中还原真实施工情景，让学生对工程建设有更明确的认识；而量表的牵引与检测作用，让学生体会到真实任务的困难，感受工程不易。）

4.展示评价，迭代改进

学生对照量表介绍建造的经验与作品存在的不足；听取他人的意见并整合，修改设计图纸，再次完善作品。

（设计意图：加深学生对知识的理解和运用，提升学生处理信息的能力，让学生的思维在交流中不断地发生碰撞，闪现出火花，创作出更加完美的作品。）

专家点评

本活动从学生熟悉的生活环境出发，以重要的基础交通设施——山路为研究对象，融合STEM教育理念，采用项目式学习的方式，用问题作为引导，以学生探究活动为主，通过设计、制作、检测、展示、评价、改进等过程，让学生亲历工程设计的基本步骤，通过展示交流促进学生的认知发展，运用多种方式进行实践验证，提高学生整合知识、解决问题的能力，并让学生体会学习知识的价值。

在活动中，项目要求与质量检测表是STEM活动的核心，通过工程指标的牵引与驱动，学生的参与度极高，在兴趣的驱使下他们能将生活中常见的物品改造成材料和工具，创造性地完成任务。关注学生所处地理环境，符合学生认知规律，是我们开发STEM校本课程的重要原则。

（四川省威州民族师范学校附属小学校特级教师　吴逢高）

STEM 活动案例 4-2:"STEM+ 海洋"主题活动[①]

一、校本课程概况

未来,海洋强国的建设离不开知海、爱海、驭海、护海的国家公民和人才资源。青岛依山傍海,海岸线绵长,不仅有着海洋自然资源优势,而且还集聚了国内 30% 以上的海洋教学和研究机构,70% 的涉海高级专家和院士。青岛嘉峪关学校毗邻中国科学院海洋研究所和中国海洋大学鱼山校区等多家海洋研究机构或院校,有着得天独厚的海洋育人优势。近年来,学校围绕"培养会创新、会合作、会学习、会做人,具有海洋文化特质的全面发展和个性发展的时代新人"这一育人目标,着力发展学生的创新能力、海洋特质以及必备的优秀品格。

为了让学生能够适应未来社会的发展需要,学校以 STEM 教育为主线,将 STEM 理念应用于 STEM 校本课程研发,融知识性、趣味性和探究性于一体,打造 STEM 教育与海洋深度融合的育人新系统,构建了集海洋与科技、海洋与实践、海洋与人文、海洋与艺术等于一体的"STEM+ 海洋"校本课程体系。通过开发并实施海洋科学实验室、海洋奇妙探索、海洋绳结、海洋牧场、海洋纸塑等 20 余门课程,培养了学生的创新精神和实践能力,提升了学生解决复杂问题的能力。图 4-1 展示了一些"STEM+ 海洋"主题活动的学生成果。

图 4-1 "STEM+ 海洋"主题活动的学生成果

[①] 案例执笔者:青岛嘉峪关学校丁吉鹏老师。

二、校本课程课表（见表4-3）

表4-3 "STEM+海洋"主题活动课程表

模块	课程名称	开设年级	授课时间	授课地点
海洋与科技	海洋科学实验室	一年级	周三第四节	海洋馆
	海洋3D打印	五年级	周四第六节	STEM活动中心
	玩转STEM走进深蓝——智能智造	四至六年级	周三第六节	信息教室
	3D创意	三年级	周四第四节	编程教室
	嘉童拓维空间站	四年级	周四第六节	编程教室
海洋与实践	海洋绳结	五年级	周四第五节	海洋馆
	海洋牧场	六年级	周三第六节	校外基地
	海洋趣味百问	三年级	周三第六节	教室
	海洋生态面面观	五年级	周四第五节	教室
海洋与人文	嘉童悦心理	六年级	周二第六节	心理教室
	国际理解	四至六年级	周四第五节	教室
	海洋地理文明	四年级	周五第三节	教室
	海洋奇妙探索	二年级	周二第四节	STEM活动中心
	海洋奇妙探索	四年级	周三第四节	创客工坊
	海洋奇妙探索	六年级	周四第四节	智能制造教室
海洋与艺术	刻·印	三至五年级	周三第四节	图书馆
	木工坊	四至六年级	周五第六节	木工房
	海洋戏剧表演	三年级	周二第四节	STEM活动中心
	海洋纸塑	一至三年级	周二第四节	美术教室
	海洋部落	二至四年级	周一第六节	海洋馆
	小小建筑师	三至六年级	周五第六节	美术教室
	海洋微电影	五年级	周三第四节	多功能教室

三、典型 STEM 校本课程活动

"玩转 STEM 走进深蓝——智能智造"课程，是青岛嘉峪关学校开发的"STEM+海洋"系列课程之一。该课程的编写从真实问题入手，以开源硬件为载体，让学生在探究解决问题的过程中掌握结构的科学搭建、传感器的使用、编程高级算法的应用，体验作品的创意、设计、制作、测试、运行的完整项目制作过程，培养学生的计算思维、动手实践能力等，助力其终身学习能力的提高。

该课程采用项目化研究主题，从海边出发，逐步走向深海，共分为四个单元："启航准备""海边逐浪""探访深海""海上城市"。每一个单元又有各自的研究项目，如："启航准备"单元中"我们的码头"一课，让学生从熟悉的超声波雷达出发，利用常用的超声波传感器，通过软件硬件结合的方式，编写控制脚本的流程，实现超声波雷达扫描、码头货物的运输管理等。

每一个单元，学生学习 2—3 种传感器的功能、不同结构的搭建、程序算法的应用，最终达到综合利用所学，借助已有的生活经验合理布局海上城市的各个区域，灵活运用各种传感器等制作城市设施的智能装置，辅以其他材料完成城市设施的美化与使用，培养创新精神和实践能力，形成良好的社会责任感和使命感。

专家点评

青岛嘉峪关学校地处青岛八大关风景区，与大海相邻。基于地缘优势，学校发挥家校共育优势，集多学科教师智慧，倡导 STEM 教育理念，并与学生身边的大海相结合，倾心打造"STEM+海洋"的 STEM 特色校本课程。

该课程将 STEM 教育理念与海洋教育有机融合，以培养学生的科学探究能力、创新能力和解决复杂问题能力为目标，充分利用校内外特有的 STEM 教育和海洋教育环境，通过有目的、有计划、有重点地组织学生开展具有趣味性、体验性、合作性、探究性、生活化的 STEM 与海洋教育融合的课程学习和实践创新活动，形成了课程育人实施路径、操作模式及策略，构建了 STEM 教育与海洋深度融合的育人新系统。

（青岛嘉峪关学校校长　刘群）

（二）初中 STEM 校本课程实例

浙江省杭州浦沿中学作为中国教育科学研究院"中国 STEM 教育 2029 行动计划"的 STEM 领航学校，积极探索 STEM 普及普惠教育——"泛在智能"序列化课程。它立足当下人工智能的时代环境，面向真实问题，通过跨学科融合的项目学习，强调信息技术与设计思维的结合，唤醒学生的自信与兴趣，引导学生进入 STEM 创造过程，培养"以人为中心"解决问题及突破困境的能力，为学生适应未来社会变化、培育终身学习素养和科技创新能力奠基。

浦沿中学成立了以校长为组长，分管副校长、决策中心主任为副组长，科技辅导员和信息技术、音乐、美术组长为成员的 STEM 教育领导小组；成立 STEM 跨学科团队 24 人，并配置专职 STEM 教师 2 人。学校各职能部门根据 STEM 特色建设要求，分工合作，保障 STEM 教育稳步前行。学校的 STEM 课程融入基础课程、拓展课程以及社团等其他活动。

经过多年 STEM 课程的迭代和升级，浦沿中学已逐步形成由每周一节全员参与的基础课程、学生自愿选修的拓展课程、更高层次需求的精英课程构成的 STEM 课程体系，并将其纳入学校课程的顶层设计。

STEM 活动案例 4-3: 泛在智能 [①]

一、校本课程概况

本课程通过普及型、兴趣型、精英型三级设计对学生进行个性化、差异性的螺旋式升级培养，以适应不同学生的需求，促进不同层次学生的综合发展。目前学校已形成 STEM 课程模式、评价机制、师资队伍、空间建设、资源整合等具有特色的 STEM 课程文化，可为省内外兄弟学校开展 STEM 教育起到参考借鉴作用。

[①] 案例执笔者：杭州浦沿中学郑红玉老师。

二、校本课程实施

（一）普及型——整合、全员

我们常态化开展了基于设计思维的 STEM 项目课程。项目由浦沿中学 STEM 核心教师团队自主开发，由专职的中、英文两位 STEM 教师进行双语教学，每周一节纳入常态课表，让七八年级每一名学生每一个学期都至少能经历一次 STEM 项目学习，学会解决真实的问题。

（二）兴趣型——选择、拓展

依托每周五下午的拓展课程，七八年级学生可根据自己的兴趣通过选课平台进行自主选择，以点带面，拓宽视野。STEM 团队的教师开设了"唤醒创新力""爱智造""3D 设计与打印""模型与制作""酵素拯救地球"等十几门 STEM 课程，以培养学生的创新意识、创新思维、创新能力、创新品质为目标，为学生搭建创新素养发展的平台。

（三）精英型——选拔、提升

通过前期的问卷调查和师生双向选择确定苗子，再由相关项目的负责老师在每天中午或下午 4:30 以后开展竞赛活动，计入教师的工作量，帮助学有余力的学生在更高、更有挑战性的科技领域继续提升。我们积极创造一切条件让学生参与未来工程师项目等各级各类 STEM 创客比赛。在每一次赛事晋级中，学生不仅获得了知识和技能的应用，更多的是自信力、思维力、创造力、合作力的提升，为他们进入更高一级学校和未来的发展奠定基础。图 4-2 展示了本课程的整个课程体系。

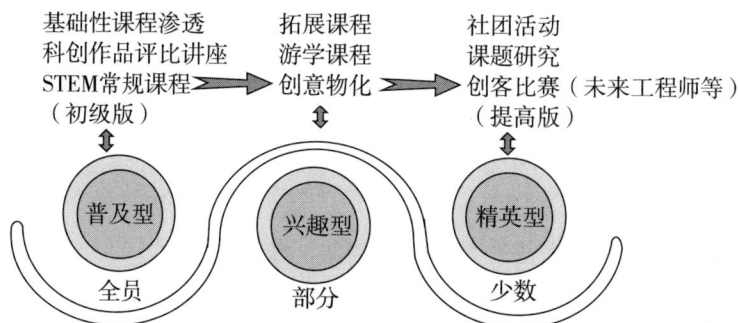

图 4-2　课程体系图

三、衍生的 STEM 活动

学校依托 STEM 课程和综合实践活动，从企业、高校、场馆、机构等挖掘 STEM 资源，形成合作共同体，衔接正式教育和非正式教育，打造 STEM 教育实践社区，建设一体化的 STEM 教育生态体系，开展 STEM 活动。

（一）STEM 研学活动

学校充分利用滨江高新区地域优势，传承科技基因，强化创新特质，打造 STEM 浦中智慧新高地，与相关科技公司建立辅导合作关系；充分利用滨江的高教园区地域优势，借助滨江区社科联平台，与浙江中医药大学等高校建立辅导合作关系，并依托北京航空航天大学杭州创新研究院建立 STEM 研学基地，让更前沿的知识融入校园，引导学生成长。

（二）STEM 实践活动

学校在综合实践活动中也引入 STEM 活动，这既丰富了综合实践活动课程内容，也拓宽了实施途径。如"植物标牌制作"活动，它是进行科普教育、科学探索和环境教育的理想载体。

（三）STEM 创客活动

学校创客活动依托"创意智造"竞赛项目课程，源于全国青少年未来工程师博览与竞赛爱创造智能作品项目，秉承"仁爱之心""创意之光""造物之美"的"爱创造"理念，注重对学生创新潜能的挖掘，指导学生针对日常生活所遇到的难题，借鉴设计思维框架，实现产品开发，培养学生动手实践的能力和对技术的极致钻研，提升学生的艺术素养、开放共享的理念和对美好生活的不懈追求。

（四）STEM 抗疫系列活动

在疫情防控期间学校利用线上各种平台开展 STEM 抗疫系列活动，以期给学生带来真正的生活教育、生命教育、爱国教育。

（三）高中 STEM 校本课程实例

　　高中学生掌握的知识和技能已相对较多，学校可以为他们开设与科技前沿更为接近且逻辑体系更为复杂的 STEM 校本课程。与此同时，因高中学生升学压力较大，"如何安排 STEM 校本课程课时？""如何处理好升学与 STEM 校本课程的关系？"等都是我们不得不直面的问题。

　　中国人民大学附属中学作为中国教育科学研究院"中国 STEM 教育 2029 行动计划"的 STEM 领航学校，始终关注大健康产业中人才的成长，构建了以大健康产业为主题的 STEM 校本课程体系。

　　大健康领域创新人才的培养需要有坚实的理论基础作为支持。在课内的学习，主要是通过传统的生物学必修课和校本选修课给学生搭建系统的知识框架，从分子和细胞、遗传和变异、稳态和环境等生命科学的多个领域让学生接受通识教育，为学生理论框架的建立打下扎实的基础。

　　大健康产业是国家发展战略的重要组成部分，而大健康产业创新创业人才的培育对于产业的发展至关重要，如何从源头上培养面向产业的既懂技术又懂市场的医药人才是创新人才培养模式面临的挑战。

创新人才的培养需要宽厚的基础知识、突出的创新精神、卓越的实践能力和超强的抗打击能力，因而需要多方面、多途径加以培养。学校是创新人才培养的摇篮，中国人民大学附属中学重视国家课程和校本课程相结合，全面深化大健康领域创新创业教育的实践。通过研学研修拓展课和科技俱乐部发展学生兴趣，推动学生创新创业能力提升；开展访学和游学实践，切实培养学生的创新创业能力；鼓励学生参与创新创业大赛，以创助赛、以赛带学，建立孵化平台促进成果转化。在基础知识、创新意识、创新思维能力、实践能力等多方面对学生加以培养，为大健康产业创新人才的培养奠定了坚实的基础。

STEM 活动案例 4-4：大健康产业系列课程[①]

一、校本课程概况

本课程将大健康与人工智能、大数据等进行跨学科联合，从课内到课外、从基础到高端、从国内游学到国外访学、从参加比赛到校企共育，逐步建立和完善跨学科、学习与实践并举的融合叠进式复合型人才创新创业教育体系。

二、校本课程实施

校本选修课要结合专业教育和多元学科进行实施和改革，了解大健康产业发展前沿，进行跨学科联合开课。

表 4-4 列举了 2018—2019 年秋季学期开设的与大健康产业相关的校本选修课。学校每个学期开设的校本选修课都会经过教研组的精心规划和打磨，每门课程都要做详细的课程规划和实施路径，在开课之前教师进行充分讨论，形成可执行的建设性意见，确保在基础理论与方法上具备严谨性与专业性。

---

① 案例执笔者：中国人民大学附属中学和渊老师。

表 4-4　2018—2019 年秋季学期大健康产业相关的校本选修课课程表

类别	课程名称	学分
基础类	生物学相关职业体验	2
	生物科学与社会	2
拓展类	中医诊疗与生物学	2
	药用植物栽培的智能温室设计与搭建	2
	智能水生生态系统设计	2
	防雾霾鼻塞的开发	2
	一双拯救世界的鞋	2
	基因神探科学	2
高端类	生物竞赛基础班	2
	冲刺高中生物奥林匹克竞赛	2
	生物竞赛实验	2
	高阶跨学科科学思维认识论	2

2016—2018 年，学校累计开设与大健康相关的不同类别的校本选修课 30 余种。课程分为基础类、拓展类和高端类三大类型：基础类旨在让学生了解大健康产业与生活、社会和实践的联系，适合想要了解这一领域的学生；拓展类努力让学生进行动手实践，注重跨学科交叉，进行产品开发、研制、销售和市场推广，适合对大健康产业感兴趣的学生；高端类偏向于竞赛和方法论，适合少数想要在竞赛层面进行深耕的学生。

三、衍生的 STEM 活动

（一）通过研学研修拓展课和科技俱乐部发展学生兴趣，推动学生创新创业能力提升

研究性学习是学校培养创新人才的重要阵地之一。研究性学习课程主

要培养学生的科学探究和科研实践的能力，落实国家在基础教育阶段培养核心素养的要求。这类课程根据教师自身的专业特长设置不同的课题，有的与校外资源对接，共同指导并完成课题；有的依托学校自身建立的高端实验室，如神经生物学实验室、植物生物学实验室、分子生物学实验室、发育生物学实验室等，通过以研带培的方式，提升学生的创新能力。

此外，科技俱乐部也是学生创新能力发展的重要活动形式。我们通过科技俱乐部的活动，帮助有志于科学的优秀学生接触科学，对学生及时加以引导，进行科学思想、科学方法和科学精神方面的培育。学校以青少年科技俱乐部为平台，组织并推荐学生参加北京市科协组织的"北京青少年科技后备人才早期培养计划"、北京教育科学研究院组织的"翱翔计划"、中国科协组织的"中学生英才计划"等，以这些社会资源为平台，对优秀的中学生进行选拔，推荐学生到科研院所进入导师的课题组参与研究。

（二）开展访学和游学实践，切实培养学生的创新创业能力

读万卷书，行万里路，这是学校一直秉持的对学生创新创业能力进行培养的原则之一。除了在学期内为学生在课内、课外提供丰富的课程和综合项目，学校还在寒暑假为学生提供了与国外各个友好学校的交流项目，如美国创新冬令营、美国友好校芝加哥大学实验学校等。学生在这些项目中，不仅接触了生物、医学科技方面的前沿知识，而且开阔了视野，加深了对将知识应用于现实生活需求的理解与认知。

2017年12月，学校师生应邀访问了以色列国家科技活动中心，与诺贝尔化学奖得主进行深入交谈，参观了IBM、英特尔等高科技公司大健康领域的研究，聆听了以色列最著名的风险投资公司JVP从产品到市场、从市场到资本运作的过程。同时，在三天三夜的比赛中，本校学生为了解决小孩子游泳溺水问题，设计了一款报警手环：当小孩子到达一定水深或者心率下降到60次/分钟的时候，手环会自动报警告诉家长小孩子的定位，让家长迅速找到小孩子。这一产品原型和商业模式（见图4-3）受到了以

色列大学教授和风险投资公司的大力表扬，获得了此次大赛的第一名。

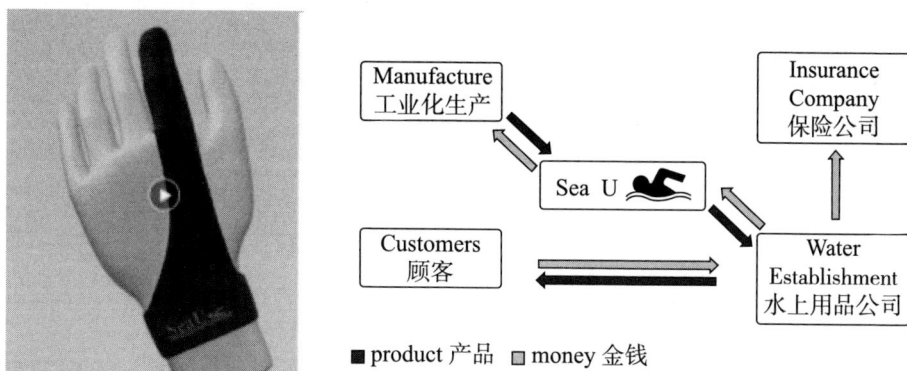

图 4-3　学生设计手环的产品原型和商业模式

由此可见，通过访学和游学实践活动，让学生亲身经历与实践，激发其创新创业的热情，这对于大健康领域创新人才的培养不无裨益。

（三）参与创新创业大赛，以创助赛、以赛带学，建立孵化平台促进成果转化

鼓励学生参与各类创新创业的比赛（全国青少年科技创新大赛、"明天小小科学家"、"登峰杯"、丘成桐中学科学奖、中国大智汇创新研究挑战赛等），建立导师带徒弟的制度，聘请社会专业人士担任学生的创业导师，实行校企共育的模式，搭建以企业家和专业老师为核心的导师团队，引导创新、创业活动向长期化、社会化、实战化发展。这样的校企合作模式，其实在很多国家都有不同程度的开展，如德国的"双元制"、美国的"合作教育"、英国的"工读交替"、日本的"产学合作"，以及澳大利亚职业技术教育学院，由于其对创新人才输出的良好模式而被世人所称道。因此，学校通过创新创业大赛，在校园内打造创新、创意、创造、创业"四创融合"的实践平台，基于"大健康＋大数据＋人工智能"，对接社会经济需求，设立专项教育基金，集聚教师、学生、项目、资金、导师团队等创业要素，以创助赛、以赛带学，最终建立孵化平台促进创新成果的转化。

二、俱乐部和社团

　　STEM俱乐部和社团是近年来在各个学校最受欢迎的新兴社团。在学校范围内，俱乐部和社团含义几乎一致，都是指由具有某种相同兴趣爱好的学生自愿组成，进行学习交流的团体。

　　STEM俱乐部和社团活动与STEM校本课程衍生的活动既有关联又有区别。两者的关联更多在于，STEM俱乐部和社团活动某种程度上是STEM校本课程活动的延伸。两者的区别有两点：一是人数上的区别，俱乐部和社团参与的学生数量较少，而 STEM 校本课程一般是面向全校学生展开的；二是研究程度上的区别，俱乐部和社团更偏重于深入地针对某一类问题进行研究，而 STEM 校本课程有些类似于科普性的活动，研究的程度较浅。

此外，很多学校的 STEM 俱乐部和社团是针对相关竞赛开设的，成员需经选拔才有资格加入。开设了俱乐部和社团活动的学校，一般把此类活动归为学校的高级阶段的 STEM 课程，主要针对少数特长生而开展活动。

（一）未来工程师俱乐部

1. 未来工程师俱乐部的发起

为进一步加强青少年创造性解决问题能力的培养，切实践行 STEM 教育理念，打造一批科技创新特色示范学校，促进我国中小学科技教育的深层变革，全面实现创新型教育共同体的思想战略，全面加强校际合作共赢的发展理念，全国青少年未来工程师博览与竞赛组委会于 2016 年联合相关单位倡议发起未来工程师俱乐部（以下简称"俱乐部"）。

俱乐部联合在 STEM 教育、科技创新教育领域有一定影响力的幼儿园、中小学校，共同探索教育信息化背景下的学校科技教育发展之路，以满足社会和公众高质量、多样化的教育需求。

俱乐部的宗旨是以 STEM 教育理论与实践研究为载体，引进高端教育资源，传播青少年创新教育教学理念，探索中国的科技教育发展之路，推动中小学科技教育教与学方式的深层变革，打造一批科技教育名校；坚持以"区域联动、理念创新、科研引领、试点推广"为发展策略，推动 STEM 教育、科技教育的发展与创新。图 4-4 展示了未来工程师项目及俱乐部的标识。

图 4-4 未来工程师项目及俱乐部标识

2. 俱乐部的功能

（1）搭建平台

以俱乐部建设为目标，协调国际国内相关研究力量，组织开展有关科技教育活动。具体包括：举办中小学相关竞赛、创新教育论坛及师资培训，不定期开展研讨会、现场会，实现俱乐部内部优质资源的共享与共建。

（2）教育研究

以 STEM 教育理论与实践探索为核心，确定相关研究项目，引导俱乐部学校开展相关教科研活动。同时，组织国内外专家和骨干教师，建立一支具有全国影响力的科技教育团队。

（3）课程研发

以全国青少年未来工程师博览与竞赛为依托，组织学校开展相关研究。积极推进新理念、新课程在学校中的应用，以俱乐部课程体系建设为载体，研发俱乐部所在学校教育教学所需的相关课程。

（4）区域活动

在全国范围内遴选出一批俱乐部学校，依托全国青少年未来工程师博览与竞赛的项目设置，不定期开展俱乐部联赛。联赛项目难度略高于全国总决赛，在联赛中获得优秀成绩的队伍，在不占用本赛区全国赛晋级名额的前提下，享有直接参与全国总决赛的机会。

（5）师资培训

依托全国青少年未来工程师博览与竞赛组委会国内外专家资源，提升俱乐部学校教师 STEM 教育技能和素养。围绕 STEM、创造力等主题，以培养学生创造性解决问题和学科整合能力为抓手，开展高端的、普适的、个性化的教师专业化成长的教育培训。

3. 俱乐部典型案例

西安航天城第一小学是"中国 STEM 教育 2029 行动计划"首批 STEM 领航学校、未来工程师俱乐部示范基地学校。近年来，学校在 STEM 教科研、各类科技创新类赛事中均取得丰硕成果。尤其是学校连续多年获得全国青少年未来工程师博览与竞赛多项活动的全国冠军，并在竞赛活动课程化方面进行了大胆尝试。

STEM 教育是一个能够为学生提供整体认识世界机会的桥梁，让学生能够把他们学到的零散知识变成一个互相联系的、统一的整体，以打破传统教学中各学科知识之间的壁垒，减少不利于学生综合解决实际问题的障碍，对于学生培养工程思维具有极大的促进作用。基于这样的认知和思考，学校结合区域的特点，正式建立了未来工程师俱乐部。

西安航天城第一小学未来工程师俱乐部的总面积为 386 平方米，俱乐部的功能定位是学校开展 STEM 教育、人工智能及创客教育的教学活动基地。俱乐部包括互动教学发布区、虚拟现实体验区、未来工程师项目智造区等多个功能区，为数字化新时代的青少年培养工程思维、创新思维以及解决问题的能力提供了广阔的学习空间（见图 4-5）。

图 4-5　未来工程师俱乐部实景图

STEM 活动案例 4-5：未来工程师俱乐部成立了 [①]

一、俱乐部成立

学校成立教师俱乐部、学生俱乐部和家长俱乐部，让校园里的每一位成员都有机会参与创新、探索的学习活动。

（一）教师俱乐部

教师是未来工程师俱乐部的引领者。教师俱乐部的成立经历了"筛选—培训—成团—自我提升"四个阶段。学校面向所有教师发出招募宣传公告，依据教师意愿以及个人能力进行选拔，确定培训名单。学校邀请专家为教师进行为期两天的专业培训（见图 4-6）。

图 4-6　俱乐部教师培训

教师培训结束后，教师们的热情只增不减，为了让教师们对相关项目的内容进行巩固与实践练习，并为俱乐部的教学工作做铺垫，学校提出成立未来工程师教师俱乐部。教师们更加坚定自己要在俱乐部中扎根生长、为学生未来的成长成才助力的决心。

（二）学生俱乐部

学生是未来工程师俱乐部的核心。学生俱乐部面向全校所有学生开放。教师综合平常表现、学生意愿、学业成绩和面试成绩等进行选拔。学生依据自己的喜好进入相应功能区参与课程学习、俱乐部组织的作品分享。目前非常成熟的有创意花窗、爱创造智能作品、创意微拍"1+1"、3D 打印等项目。

---

① 案例执笔者：西安航天城第一小学门敏敏老师。

千机变、智能创意F1、水火箭、过山车项目也相继拉开帷幕。学生俱乐部定期面向所有学生开放，提供STEM教育学习的公共场地与教学资源。

（三）家长俱乐部

家长是未来工程师俱乐部的后备力量。因西安航天城第一小学地处国家民用航天基地，基地内很多高精尖科技领域从业者的子女在此就读，故学校可以充分发挥资源优势，邀请家长们进校为学生做科普讲座或技术指导，充分发挥社会的力量，为俱乐部的教育教学活动增添活力，也让学校STEM教学更加多元化，更具影响力。

家长俱乐部主要以现场讲座或示范的形式展开，在课程开始前一周与负责教师沟通教学内容与教学的难易程度及开课时长。授课内容主要包括科普小讲堂和STEM行动派。科普小讲堂是家长依据自己的工作内容，将行业领域内高精尖的技术深入浅出地介绍给学生听，主要包括科学原理、高新技术，例如嫦娥五号探测器相关的故事、运行原理等。STEM行动派是家长依据自己的工作经验与技术积累，通过作品制作将已经掌握的技能示范给学生，例如无人机的飞行，铣床、磨锯机、3D打印机、激光切割机的使用等。

二、俱乐部课程

俱乐部的课程按照区域划分共有11个项目，强调以学生科技活动为载体，整合科学、技术、工程与数学教育，包括与艺术的结合，通过真实的任务为学生提供综合运用知识以及培养创造性解决问题能力的机会。

（一）课程内容

（1）过山车项目是全国青少年未来工程师博览与竞赛的传统项目，综合了物理、数学等多个学科的知识。学生在动手制作的同时，对相关的学科知识有了更深刻的理解，能更好地学以致用，这个项目十多年来一直是师生最喜欢的项目之一。

（2）木梁承重项目是一项传统工艺与学生创意相融合的竞赛项目，

着重培养学生的动手能力、工匠精神、创新思维和团队协作的能力。学生通过对木梁结构、承重原理及技巧的了解，结合创意设计、自主绘制、切割打磨、精心黏合，最终制作出一个可以承重的木梁。

（3）无人机项目是由两名队员组队完成"领航者"无人机救援任务，任务分为两个环节，分别是"侦察火情"和"扑灭大火"。学生通过了解无人机的基本飞行原理、应用领域并实际操作，丰富知识体系，培养探索精神和独立解决问题的能力。

（4）爱创造智能作品项目是涉及科学、工程、人工智能、人文艺术、天文地理，与物理、数学、信息技术、艺术等学科紧密联系的综合性项目。学生通过自主创新任务的学习，优化模型改进效果，从而提高现代信息技术能力和综合素养，适应信息化时代和人工智能时代。

（5）智能创意F1项目强调创意、手工、智能和艺术的融合。创意F1赛车是高仿真车，通过学生团队设计、组装和调试操控的表现形式，吸引学生不断去探索、去发现、去体验，而在这个过程中学生的观察能力、思维能力、动手能力和团队合作能力等都会得到培养。该项目不仅能开发学生智力，提升团队合作能力，还有利于激发学生科学探索的兴趣，培养学生的创新精神和艺术素养，提升学生对资源回收循环使用的认识。

（6）"一带一路"智能陆空快运项目是根据"一带一路"沿线所经国家和地区的实际情况，把智能无人车和无人机综合运用到货物的长短途运输中，进行现场模拟。

（7）VR教育的存在打破了传统教育的壁垒，为学生构建可视化多维立体学习场景，使学生体验沉浸式仿真教学。学校的VR教育内容主要包括科学教育和安全逃生教育。

（8）创意微拍"1+1"项目强调科技和艺术的融合，倡导用艺术的表现形式再现科技领域的新思想、新现象等。学生在教师的指导下编写剧本、导演、拍摄、剪辑等，在创作与采录编的过程中培养创新思维与解决问题的能力。

（9）水火箭项目使用耐压的塑料瓶、塑料膜等材料制成火箭模型（箭体、箭头、尾翼），并装有降落伞，将火箭模型装在发射架上，用自来水做推进剂，用人力打气做动力，启动开关，发射火箭升空，在空中打开降落伞，让火箭慢慢下落，稳定回收。

（10）创意花窗项目将3D打印技术与木工工艺相结合，兼顾传统和现代技术的融合。创意花窗项目要求学生完成两个任务：一是根据主题进行设计并采用3D打印技术创建作品的一部分；二是制作木质的花窗。完成两个任务后将两个部分进行组合形成最终作品。

（11）千机变项目以开放式材料基于空气动力学原理设计组装飞机。在飞机无动力情况下，学生将飞机投掷出去完成直线穿越飞行、环形飞行和绕杆盘旋等任务，并由此完成多种比赛任务。

（二）课程安排

俱乐部课程主要安排在学生放学后的社团课时间，分两节课进行，每节课40分钟。为了便于教师管理学生，避免相互影响，每次两个社团同时进行。每个项目每周上两节课，以便循环巩固。俱乐部课程表详见表4-5。

表4-5　俱乐部课程表

	星期一	星期二	星期三	星期四	星期五
17:00—17:40	水火箭	创意微拍"1+1"	创意花窗	千机变	木梁承重
	爱创造智能作品	过山车	无人机	智能创意F1	"一带一路"智能陆空快运
17:50—18:30	创意花窗	千机变	木梁承重	水火箭	创意微拍"1+1"
	无人机	智能创意F1	"一带一路"智能陆空快运	爱创造智能作品	过山车

三、俱乐部活动

（一）教师培训

师资是俱乐部运转的核心力量，教师俱乐部成立后第一要务就是对来自各个学科的教师进行培训，让其成为专业的 STEM 教师。培训结束后，教师们依然热情不减，自发组织俱乐部活动，提升自己对项目的教学能力。

（二）学生活动

俱乐部定期举行作品展示活动，并对作品进行内部评比，以赛促教，让学生在活动过程中锻炼自己的创新思维、演说能力等综合素质。

（1）VR 体验活动：学校每两周进行一次面向所有学生的 VR 体验活动。以班级为单位，任课教师带领学生进行主题学习。例如，"火灾逃生"教育让学生如入火灾现场，学习危难情急之下如何逃生。

（2）作品发布会：俱乐部所有的课程每两周进行一次分享交流活动，每个功能区派出一位学生代表，向俱乐部所有师生讲解并演说自己的创意与作品。例如，爱创造智能作品——《梦想号工程师》是学生通过编程和硬件组装制作的一个高铁报站器。

（三）家长开放日

俱乐部定期向学生家长开放，邀请家长代表参观学生的学习过程和作品。家长开放日的活动内容主要包括两方面：家长参观学生作品，观看学生学习过程；家长参与学生学习，与学生一起完成学习任务。这为家校共育、亲子关系的良性发展也创造了新的机会。

四、俱乐部管理

为全面实行素质教育，推行人工智能教育与 STEM 教育，充分发挥俱乐部的作用，更好地为教育教学服务，学校专门制定了未来工程师俱乐部管理规章制度。俱乐部的管理主要包括场地管理、教师管理和学生管理。管理人员要经常进行安全检查，做好防盗、防火、防漏电、防雷击等，防患于未然。因俱乐部有机床、切割机等专业性器具，未经专业培训的师生都不得擅自使用，由管理人员管理并维护好教学设施和器材。

　　为学生、教师统筹安排好上课时间并策划俱乐部的活动，也是俱乐部管理的一项重要内容。定期安排教师培训、学生作品发布活动、家长开放日活动，并落实到每一个细节，让俱乐部的教育教学充满活力。

专家点评

　　西安航天城第一小学聚焦育人目标，确立了五育并举的"承·新"课程文化体系，落实立德树人，建立全员育人、全科育人的课程育人观，基于学生综合素养发展，突出强调 STEM 课程的育人目标。未来工程师俱乐部的落成，不单单是学校具有了一个科技活动场所，也是学校尝试搭建教师、学生、家长共同开展 STEM 活动学习社区的一个初步探索。

（西安航天城第一小学校长　张军红）

（二）师生共建社团

1. 师生共建社团的特点

　　由各学科教师自主发起 STEM 社团，并研发相应的社团课程，面向全体学生进行社团活动，是师生共建的 STEM 社团的特点。此类社团具有社团课程专业系统、参与学生范围大、社团活动成果突出、师生在社团中共同成长等特点。

2. 师生共建社团的职能

　　师生共建的 STEM 社团主要从课程资源建设、STEM 教师团队打造、STEM 教育科研引领等方面开展工作。社团坚持 STEM 教育的思想指引，培养学生的创新能力和动手实践能力，让学生把创新思维更好地融入生活实践，让 STEM 教育的理念贯穿课堂，真正成为学生学习科学知识的有力武器，让学生真正成为具备科学态度和探索精神的新时代少年。

　　STEM 课堂教学让学生学会各学科知识，通过动手实践，解决了一些生活实际问题，并且创造出一些作品。学生通过 STEM 课程的学习，能获得多学科知识，涉猎广泛，探索自己的个人潜能，了解自己的优势和不足。在 STEM 课程实施过程中，教师感受到学生的自我创新能力、学习动力的提升，学生学习能力增强，视野更加开阔，思考问题多元性增加，对他人怀有感恩之心。

3. 师生共建社团的实例

长春吉大附中力旺实验中学 STEM 社团正是师生共建社团的典型。学校不同学科的 30 余位教师自发地集结在一起成立了 STEM 中心，并研发相应的社团课程，最终面向全校学生开展社团活动。STEM 社团基于学生兴趣，以项目学习的方式，使用数字化工具，倡导造物、鼓励分享，培养学生跨学科解决问题的能力、团队协作能力和创新能力。让创新成为每个学生的自觉行动，培养所有学生的创新思维和创造能力是社团的目标。

目前，学校已开发了综合选修类、实验选修类等特色 STEM 课程，并结合激光打印、车床、铣床、3D 打印等先进技术，开发、开展社团类 STEM 课程，尽可能地培养有个性、有专长、有素养的未来人才。

STEM 活动案例 4-6: 师生共建的 STEM 社团 [①]

一、STEM 社团发起背景

（一）学校背景介绍

在发扬吉大附中"崇德励志，为国担当，追求卓越，勇争第一"优良传统的基础上，秉承"科技兴教，启发潜能"的教育理念，我校任教于物理、化学、生物、地理、信息、数学、音乐、体育、美术共 9 个学科的 30 余位教师自发地集结在一起，成立了 STEM 中心。历经几年的学习、探索、积累与沉淀，中心成功培养出 6 位 STEM 专任教师和 23 位 STEM 兼职教师。

（二）师生共建 STEM 课程

学生是教学的主体，在学校"启发潜能教育"的背景下，课程设置

---

① 案例执笔者：长春吉大附中力旺实验中学仇新华老师。

遵从学生的意愿和建议。在课程研讨初期，为了满足学生身心发展的真正需求，教师对全校学生进行了问卷调查，问卷调查中包括学生喜欢的上课模式、期待 STEM 课程的形式和内容、对教师的期望等多方面的内容。STEM 中心教师根据学生的问卷调查结果，并结合学校特有的歼 -6 教练机、火车、轮船等模型开展轮船原理和航行课、未来高铁设计课、汽车驾驶和新能源车课等三十多门课程。为避免局限于单一的学校教育，STEM 中心教师大力整合校内外资源，与吉林大学、中国科学院长春光学精密机械与物理研究所等单位建立战略合作关系，使学生有机会进行创新创造职业体验，构建了融合正规教育、非正规教育与课外教育于一体，跨部门合作的 STEM 教育学习生态系统。

学校每个班级每周安排一节 STEM 课程，在 STEM 课堂上学生学会各学科知识，通过动手实践创造作品，以解决一些生活中的实际问题。部分学生通过 STEM 课程的学习，想要在 STEM 课程上进行深入的了解和探索，了解自己的优势，探索自己的个人潜能。因此，学生与教师一起进行了圆桌会谈，针对部分学生有深入学习和探索的需求，开发更适合学生的 STEM 活动，创办了 STEM 社团。

二、STEM 社团活动开展情况

除面对全校学生开展的基础课程外，STEM 社团还开展了面向团队和个人的拓展类活动和发展类活动。拓展类活动面向以团队为主的学生，满足学生的团队协作、和谐共赢的发展需求。发展类活动主要为私人定制，满足能力优秀、乐于学习的学生的需求，以便于帮助学生激发自己的潜能。

（一）拓展类活动

学生经历系统的 STEM 课程学习后发现了团队的重要性。为了提高团队的协调合作能力，STEM 社团成员与教师共同商讨活动内容和形式，满足不同团体的需求。有的团体想要提高团队技术能力，所以开设了 3D 打印机、机器人制作、航模制作、编程设计等社团活动；有的团队想要提高创意设计的能力，所以开发了服装设计、软陶泥雕、草木染等社团活动；有的团队想提高工程思维和科学探究的能力，所以开设了风力发电、风动力机械手等社团活动……在STEM社团课堂中，学生学习的最大动力是兴趣，他们是活动的设计者和参与者，而教师则从知识的传授者转变为问题的推进者。

（二）发展类活动

部分学生在STEM课程中展现出卓越的创造才能，想要在STEM社团中进行深入的研究和探索，因此教师会依据学生多元智能理论的测试结果，结合学生本人的想法和意见，开创具有该名学生鲜明特征的个人定制活动。

1."科学家进校园"系列活动

为丰富学生学习活动，营造科学氛围，贴近科研生活，学校每学期不定期举办"科学家进校园"系列活动讲座。如果学生表达出对相关知识的浓厚兴趣，并强烈表达出想要继续深造学习的想法，那么学生、教师以及聘请的科学家实行"导师制"，针对该名同学进行专项培训活动，聘请科学家带领学生开展项目式活动，深入研究某项课题，以满足学生自我发展的需求，让学生真正成为具备科学态度和探索精神的新时代少年。

2.发展特长定制活动

为满足有专项发展需求的STEM社团成员的需求，教师会聘请校外的专业教师，与学生一起设计个性化的学习活动。例如，有学生对3D设计感兴趣，教师会与学生一起，根据学生的能力，设计专属的发展活动，在满足初中生活的设计课程外，还有服务于大学专业发展的职业活动。对有专项才能优势的学生进行深入培养，满足学生的特长发展，让学生真正成为具备专业能力素质的技术少年。

（三）非笔试测试

非笔试测试是长春吉大附中力旺实验中学的特色评价方式，STEM社团也会通过非笔试测试对学生进行评价。

（1）为了让学生进一步走近细胞，感知细胞内各种精细的结构，理解各种结构的作用，激发学生的创造力和想象力，锻炼学生的动手能力和合作能力，教师让学生利用彩泥、超轻黏土、水晶泥、泡沫球、马铃薯、塑料管、废纸、鸡蛋、绿豆、大米等材料，制作细胞三维模型结构。

（2）为培养学生严谨的工程思维模式，教师还会安排限时的风动力机械手比赛、拆装自行车等比赛，让学生动起手来，一方面加强了对课本知识的深层理解，另一方面也看到了学生无穷的想象力和创造力。

三、STEM 社团开展成果

STEM 社团经历了几年的探索与发展，师生共同进步，课程日益完善。全新的课程体系让学生的能力得到了培养，实现了由学科分离学习向学科融合转变，培养了学生的科学思维和工程素养，为学生未来解决真实问题打下了坚实的基础；教师由单一学科的传授者变成跨学科的倡导者，由课堂的主导者变为学习的参与者，由课程实践的管理者变为工程训练的教练。

专家点评

STEM 社团以项目为根本，创设真实情境下的问题。让学生在亲身体验中获取新的知识，为学生未来解决真实问题打下了坚实的基础。在实践中师与生、生与生相互交流，实现了由学科分离学习向学科融合转变。教师由单一学科的传授者变成跨学科的倡导者，学生由课堂的参与者变为学习的主导者。课程中科学知识融入工程设计训练，从而培养了学生的科学思维和创新能力，使学生更加关注科学技术对自然环境、人类生活和社会发展的影响，进而产生将科学服务于人类的意识和振兴中华的使命感与责任感。

（长春吉大附中力旺实验中学 STEM 中心主任　屈宝峰）

（三）学生自建社团

1. 学生自建社团的特点

（1）STEM 社团能够充分调动学生的主动性、主人翁意识、求知欲，激发学生的创造力。

（2）学生自主选择STEM空间项目研究的课题与时间，这种运行模式使研究的项目更多的是解决学生感兴趣的真实、实际的问题，学生的交流力、合作力、创新力、学习力得到充分提升。

（3）学生对STEM社团进行自主管理，对整个管理团队的领导力培养也是十分有帮助的。

2. 学生自建社团的职能

（1）社团的学生除了完成自己的研究项目外，还会审核全校学生提交的项目研究申请书，帮助全校学生在STEM空间实现创意想法。

（2）STEM空间里有一些较为专业的仪器，社团的学生可以帮助其他学生操作设备，并进行安全监督。

（3）STEM空间的物品或仪器等的损坏、空间卫生等问题，社团的学生也会定期检查记录。

3. 学生自建社团的实例

北京十一晋元中学着力培养"志远意诚、思方行圆"（即志存高远、诚信笃定、行为规范、思维活跃）的民族脊梁和社会栋梁，遵循初中学生的成长规律，为学生提供展示才华的舞台、个性成长的空间。在这里他们可以自我规划，积极创造，放眼世界，探寻自我。

学校的STEM社团完全以学生为主体，是学生拥有绝对选择权的团队，同时学校也尽最大努力为他们开展的活动提供便利与支持。学校认为只有赋予学生选择权，他们才真正有可能在自己身上装一台属于他们自己的发动机。学校的STEM社团的学生负责整个STEM空间的使用与管理工作。

越来越多的学生开始走进STEM空间，找到志同道合的伙伴，一起解决真实的问题。STEM活动不应该仅仅是教师发布的一个个项目，更应该产生于学生当中，产生于他们自己发现的真实的实际问题。

STEM 活动案例 4-7: 学生自建的 STEM 社团 [①]

一、第一项任务

STEM 社团出色完成的第一项任务就是设计自己的 STEM 空间。学校将面积约为 300 平方米的场地交给了这群学生，让他们建造 STEM 空间，建造一个可以实现梦想的地方。

二、开启建造之旅

为了完成此项任务，学生开始制订计划。首先，他们邀请专业的设计老师来进行空间设计基本知识的讲解，在与设计老师的不断讨论中，学生对室内装饰、STEM 空间功能区域划分有了初步的了解与认识。设计老师提供以及学生自己搜集了大量国内国外 STEM 空间的图片，大家一起鉴赏学习，学生逐步建立起对空间设计、色调等的审美。接下来，学生每 6 人组成一个设计小组，开始进行真正的空间设计，从空间的测量开始，用数学知识解决真实的实际问题，体会着数学之美。

对于 STEM 空间功能区的划分、空间的装饰与摆设，各组陷入了激烈的讨论。白板笔在白板上飞速舞动，使原来空白的板块有了色彩。一个个奇思妙想的讨论打破僵局，绘图也在进行中。每个组都有自己的创意，大家的设计图纸陆陆续续完成。图 4-7 展示了学生实地测量及设计 STEM 空间的场景。

图 4-7　实地测量及设计

学生还按照设计图 1:50 的比例进行了模型的搭建，分工合作，剪、裁、

---

① 案例执笔者：北京十一晋元中学陈建辉老师。

画、拼，充分发挥他们的创造力，充分展现他们美的素养，STEM 空间的样子也渐渐显现。

模型制作完成后，大家以"世界咖啡会谈"的形式进行了组间交流，每组每次有一名学生作为东道主，其他组的学生作为旅行者在各个桌流转。东道主解说，旅行者聆听、提问并提出建议，大家一起收获、分享并记录集体的智慧，在这个过程中也锻炼了沟通表达能力。

每个设计小组优化完自己的设计之后，大家选取了每组的最优部分，并与专业的设计老师进行多次讨论，审核通过了最终的设计图纸。

STEM 空间接下来的装修施工也依然由学生全程参与（见图 4-8），从灯光的颜色、灯的分布方式以及装饰的颜色、灯罩的颜色，每一个板块都会成立专门的小组，组员们共同调研商讨，每一个细节学生都精益求精。

图 4-8　学生亲自施工

"真·元创空间"（"元"为北京十一晋元中学中的"元"）是学生最终投票确定的名字。学生说："我们就是要解决真问题，我们就是玩真的，我们在这里创造，在这里改变世界，造福人类。"在教师节这天，学生也精心设计了一个剪彩揭幕仪式，邀请教师共同见证 STEM 空间正式落成的重要时刻。

三、教师总结及反思

整个设计与施工历时半年，学生作为 STEM 空间的使用者以及拥有者，对整个空间的设计装修全程参与。在这个过程中，学生锻炼了自己的工程思维、设计思维以及解决实际问题的能力，同时提高了审美能力与创造能力。

要想改变一名学生的状态，教育固然重要，但发现他们成长的可能，找到他们闪光的地方，循着他们的个性放飞其理想，也同样是一条教育的道路。学生也只有在真实的实际问题的解决中，才能更好地培养工程思维、创造能力，从而全面提升综合素养，也只有在这时，我们的教育才算真实地发生。在课程中越是真实、实际问题的创设，越能实现素养的落地，教育应该回归它本来的样子。

学生自评

同学们对自己一手建造起来的 STEM 空间充满期待，希望能够将自己的一些想法在 STEM 空间实现，这些创造可能会惠及某个人、我们的学校、整个社会，以至于我们的世界。所有的想法，通过 STEM 空间这个透镜汇聚起来，然后再散发出去。这样的话，它甚至可以改变这个世界，让这个世界越来越美好。

（北京十一晋元中学学生　宛亦郑）

三、科技节及相关活动

（一）科技节现状

1.科技节开展情况

科技节是中小学校开展科技创新活动的一种十分重要的形式。一般来说，大多数中小学的科技节每年或每学期举办一次，每次持续的时间从半天到一周不等。部分学校也把科技节称为"科学嘉年华""科技节之嘉年华"等。

2. 开展的形式和目的

整体来说，中小学校的科技节活动大多以整合社会相关科普资源、展示学生科技创新成果为手段和形式；以引发学生对科技创新的兴趣，促使学生爱科学、学科学、用科学为主要目的。

3. 重视与 STEM 教育的结合

越来越多的中小学校的科技节日益重视与 STEM 教育的结合，这也更符合学校开展科技节的初衷。

（二）科技节实例

目前，绝大多数综合实力较强、重视科技教育的学校都会定期举办具有各自特色的科技节活动。其中，"中国 STEM 教育 2029 行动计划" STEM 领航学校中关村第一小学（以下简称"中关村一小"），多年来致力于运用 STEM 教育理念，整合相关社会资源，设置了与 STEM 课程群结合的科技节活动。

一直以来，中关村一小秉承"科学启智，教育立身"的精神，依托中关村科技园区和专家资源，注重提高全体学生的科学素养，并为培养拔尖创新人才奠基。同时，学校基于良好的科技教育基础吸纳新近的科技教育理念，挖掘创生点不断变革科技类课程，使其在培育学生科学态度和科学精神方面发挥更大的价值。经过长期探索实践，学校基于儿童立场构建了培养科技后备人才的课程体系和路径，打造了具有连贯性、系统性和整体性的特色 STEM 课程群。为了丰富学校 STEM 课程的实施形式，学校将 STEM 教育理念与学生喜闻乐见的科技节有机融合，开展基于 STEM 理念的节日课程——科技节，增强科学教育活动的趣味性，激发学生的好奇心，鼓励学生像科学家一样探索未来、像工程师一样改造世界。

STEM 活动案例 4-8: 中关村一小第十七届科技节 [①]

一、活动背景

2020 年 9 月，习近平总书记在科学家座谈会上的讲话强调："好奇心是人的天性，对科学兴趣的引导和培养要从娃娃抓起，使他们更多了解科学知识，掌握科学方法，形成一大批具备科学家潜质的青少年群体。"科学梦想需要用好奇点燃、用毅力坚持，更需要有挑战的勇气和"照亮世界"的责任与担当。基于时代提供的教育契机，学校第十七届科技节主题聚焦"好奇点燃梦想，科学照亮世界"。

二、设计思路

（一）不让一个孩子当观众

小学科学课程具有基础性，我们同样认为 STEM 教育应是大众化取向而非精英化取向的。中关村一小的科技教育目标不仅是要培养拔尖创新人才，还需要开展面向全体学生的科技教育。为此，学校科技节始终秉承"不让一个孩子当观众"的科技教育理念，设计多元的挑战项目和展示活动，鼓励学生人人参与，相信人人都有想法，人人都能创造，人人都会成功。

（二）集结社区资源打造特色 STEM 课程群

中关村一小地处中关村科技园区的核心地带，在学校发展的过程中，我们一直注重打开校门办学，用开放的心态、开阔的视野整合学校周边的社区资源，为学生提供丰富的社会实践体验。我们通过建立科普资源群、结成资源合作单位等具有创造性的形式开发利用社区资源，积极举办放眼社会的课外、校外活动，用科普教育的渠道引领学生走出课堂、走出校门、走入社会。我们拓宽课程建设思路，邀请、外聘志愿教师群共同打造特色STEM 课程群，形成了良好的专家咨询机制，从而提高学生的科学素养和教师开展 STEM 教育的能力。

---

① 案例执笔者：中关村第一小学邓翼涛、贾宇琪老师。

三、活动过程

（一）院士讲堂

流体力学家、中国科学院力学研究所研究员、国家微重力实验室主任胡文瑞院士和中国科学院空间应用工程与技术中心、载人航天工程有效载荷运行管理中心王红飞主任设计师分别带来科技节特别课程——"太空的奥秘"和"星际旅行不是梦"。学生不出校门即可聆听"科创人生"故事，感受科学家的人格魅力。

（二）科学家进课堂

已有多名中国科学院的科学家为学生开设了"神奇的物理学""野生动物世界""科学博览""解锁生活中的纳米超能力""探索植物智慧"等科技类选修课程。

（三）机器人社团展示

低年级学生展示利用生活中的材料制作的各种机器人模型，高年级学生展示不同功能的创意编程机器人作品。

（四）科幻故事书《Z星探险团》新书发布仪式

《Z星探险团》是中国科学院物理研究所与中关村一小在探索科教融合道路上又一次重要的尝试，这套书受到汪卫华院士、科幻作家刘慈欣和《流浪地球》导演郭帆的诚挚推荐，学生收到赠书后爱不释手。

（五）集体项目比赛

我们在各个年级开展了丰富多彩的集体项目比赛。其中，一、二年级的"爸爸妈妈看社会——超酷科学实验室"活动，把做科学实验、讲最前沿的科技知识的活动深入到学生家庭；三年级的"纸船竞速"集体挑战项目让学生充分体验科技竞技活动的速度与激情（见图4-9）；四年级的"一打打一片"集体挑战项目中，学生利用杠杆原理结合脑洞大开的创意点子玩转投石机，体验创新带来的成果；五年级的集体挑战项目"砰"，学生利用废旧物品巧妙设计戈德堡装置，大胆造物。

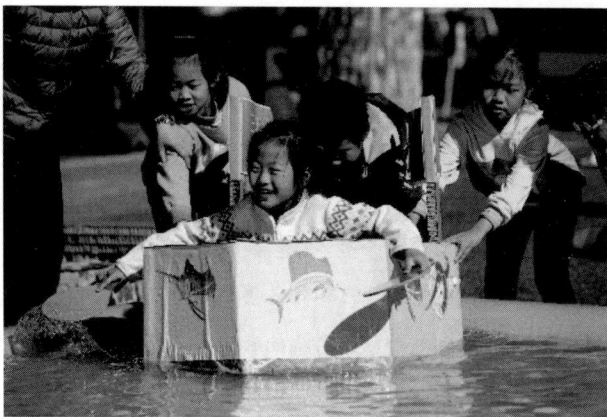

图 4-9　"纸船竞速"集体挑战项目

（六）个人项目比赛——"99 个挑战小屋"

学生人手一本"游玩小册"，挑战无极限，挑战不可能，酣畅淋漓地玩转"挑战小屋"。

（七）互动展示项目

科研院所等相关机构为学生带来了前沿高端的"科技大餐"，例如中国科学院动物研究所的模拟病毒核酸检测、植物研究所的植物浸制标本制作活动以及半导体研究所的通信系统和太阳能发电展示等，这些互动展示项目给学生带来了丰富的体验，激发了学生的好奇心和求知欲，让他们更加热爱科技。

四、活动总结

中关村一小第十七届科技节聚焦科技实践创新和科学普及传播，开展了三个集体挑战项目、"99 个挑战小屋"的个人项目以及一些互动展示项目，学校践行"不让一个孩子当观众"的科技教育理念，让学生人人参与其中，激发他们的探究欲，点燃他们的好奇心。科技节上有不舍得结束闯关挑战的学生，有目光坚定、不轻言放弃的教师和家长。一幕幕暖心的画面，都将成为一段段美好的回忆。

第五章

STEM竞赛的发展趋势

STEM 竞赛日益受到重视

STEM 竞赛实现全学段覆盖

STEM 竞赛成为人才选拔的有效途径

H₂O

插画5　STEM竞赛的发展趋势

一、STEM 竞赛日益受到重视

（一）国内中小学生竞赛现状

1. 科技类竞赛逐渐受到重视

黑格尔在《法哲学原理》序言里说过一句名言：存在即合理。这句话可以作为我们在哲学层面判断何种竞赛更受欢迎的一种标准。从哲学层面回归到现实世界，我们可以将中小学生校外培训机构开设课程的现状作为判断各类竞赛受重视程度的一个依据。

简单来说，竞赛课程的选择受到考分和就业两个因素的影响。在我国，过去很长的一段时间里，家长更愿意安排孩子参加语数外、钢琴、绘画、乒乓球等学科类、艺术体育类的竞赛课程。这种选择，很大程度上是家长从孩子眼前考试和未来就业层面来考虑的，往往忽视了对孩子创新能力和解决问题能力提升方面的考虑。

近年来，随着科技的发展和人民生活水平的提高，全民的科技素养也在逐步提高。在这样的大背景下，家长在培养孩子科技素养方面的投入也逐步增大，对于各类科技竞赛也越来越关注。这促使中小学生校外培训机构开设了很多科技类的课程，如机器人、编程、人工智能等课程。此外，中小学生校外培训机构也开设有专门针对各类科技竞赛的课程。

2013 年以后，在政策支持、资本运作、市场需求等多种因素的促使下，我国诞生了数以万计的以创客教育、STEM 教育为主营业务的科技教育企业。

这些科技教育企业市场化运作的本质属性，必然促使企业从科技类课程研发、配套器材供应、相关学生活动组织、第三方课程服务、学校科技环境打造等方面，逐步形成成熟的业务体系。这些商业化的市场运作有意或无意地促使科技类比赛更加"火热"。从这个意义上来讲，企业的参与对我国 STEM 教育的发展具有积极的促进作用。

2. 竞赛从无序到有序

从 2019 年开始，相关政府部门针对各类竞赛存在的问题，有针对性地制定了全国性竞赛的申报和遴选机制，俗称"竞赛白名单"。目前，从公布的全国性科技创新类、学科类、艺术体育类的竞赛名单来看，科技类竞赛占了非常大的比重，这再次印证了社会各界对青少年科技创新能力培养的日益关注。

科技类竞赛迅速升温必然导致竞赛发展的阶段性无序状态，这是事物发展的必然规律。"百花齐放、百家争鸣"有可能带来的是无序，但也是从无序到有序的必经之路。

促进竞赛的规范性和有序性，可以借鉴大禹治水的办法，以疏导为主，而非单纯的围堵。从规范管理竞赛的角度来看，科技类竞赛发展过程中必须会存在阶段性的问题，但也需避免矫枉过正的一刀切似的治理方式。建议可以建立相对完善的竞赛监管机制，首先应允许各类竞赛正常举办，之后再针对不规范的比赛按照监管机制来治理。科技类竞赛迫切需要相关主管部门出台科学合理的监管文件，并整合各方力量形成合力，才能真正搭建高质量的青少年科技创新成果展示平台。

3. 竞赛与教育的距离

竞赛与教育的距离远近，主要看在竞赛组织实施、竞赛规则研发等环节，教育工作者参与比重的多寡。从这个意义上来讲，中小学校、理工科大学、科研院所、教育研究部门等教育相关单位，应该成为竞赛组织实施、竞赛项目研发的主力军。教育工作者应该是谋划竞赛的主角，而不应只是参与竞赛的配角。

从深层次来看，竞赛的实施主体是学生，这就要求竞赛的内容一定要在教育的大方向上保证其正确性。鉴于此，教育工作者应该成为竞赛活动的决策者、策划者、组织者和实施者。针对中小学生的竞赛一定要有教育工作者参与竞赛内容和规则的制定，在"技术"层面上保证大方向的正确。

（二）STEM竞赛与科技竞赛的边界逐渐模糊

1.二者殊途同归

科技类竞赛应该是创新成果的展示交流平台，考查学生科学与技术及相关学科的知识与技能、过程与方法的掌握程度，考查学生的科学精神和创新潜能等。

STEM本身的属性，决定了STEM竞赛在考查学生学以致用方面的独特优势。STEM竞赛是鼓励学生运用所学知识大胆创新地解决实际问题的一种竞赛活动。STEM竞赛关注学生学以致用，进而实现以赛促学、以赛促教；侧重于激发学生的创新潜能，以及促进学生创造力和思维能力的提升；聚焦于引导学生发现问题、厘清问题的过程，以培养学生创造性解决问题的能力。

目前，很多科技类竞赛都引入了STEM教育理念，越来越注重考查学生创新、跨学科和解决问题的能力。由此可见，科技类竞赛与STEM竞赛殊途同归。

2.STEM竞赛是社会发展的必然

STEM教育的主要初衷是培养更多的理工科创新人才，这是社会发展的刚性需求。我们正处在科技飞速发展的时代，物联网、大数据、人工智能、基因工程、元宇宙等将影响未来人们生活乃至生存的方式。

2020年初，新冠肺炎疫情开始肆虐全球。我们运用信息技术、大数据等手段，助力疫情防控。从发现问题到整合我们现有的各种技术解决问题，这本身就是一个非常典型的STEM案例。

21世纪学生应该具备的技能有其时代的烙印，尤其是与未来科技发展、人类命运走向都息息相关。开展STEM竞赛是社会发展对人才需求的必然选择。

（三）制定STEM竞赛的标准

近年来，各种机构组织的STEM竞赛如同雨后春笋般出现在全国各地。可以预见不久的将来，会有更多的学生参与各类STEM竞赛。鉴于此，需要尽快制定相应的STEM竞赛标准，以促进STEM竞赛有序、规范地发展。STEM竞赛相关标准应该从STEM教育的目的出发，并遵照教育职能部门出台的相关竞赛规范性文件来制定。竞赛标准的制定需要多方论证，绝非一蹴而就的工作。本书仅尝试从考查学生能力和活动组织实施两个方面，为竞赛标准的制定提出些许建议。

1. 考查学生能力

从考查学生能力的角度，建议从以下五个维度来制定STEM竞赛标准。

（1）跨学科知识运用能力

STEM竞赛项目的设计要能起到考查学生跨学科知识运用能力的作用。比如结构类的桥梁承重项目，学生在设计、计算、制作、测试等阶段要用到数学、物理、技术等学科的知识。这就要求桥梁承重项目的设计，要考查学生的设计、计算、制作、测试等阶段跨学科知识运用的能力。

（2）解决实际问题的能力

STEM竞赛项目的设计要能起到考查学生解决实际问题的能力的作用。比如用智能编程解决停车场找空车位难的竞赛项目：首先，学生要了解实际停车场的平面图、车位分布、行车路线等实际情况；其次，学生要运用所学到的数学（编程逻辑）、工程与技术（制作智能装置）等知识进行方案的设计；最后，学生要利用智能硬件和其他材料制作出作品的原型，并进行测试和现场作品介绍。

（3）创造力和创新潜能

STEM 竞赛是考查学生创造力和激发学生创新潜能的有效途径。前面这两点也间接考查了学生创造性解决问题的能力。通过考查学生创造性解决问题的能力，进而提升学生创造力、激发学生创新潜能，应该是 STEM 竞赛项目设计必须要考虑的一个重要方面。

（4）团队协作和表达能力

STEM 竞赛要注重考查学生的团队协作和表达能力。未来社会无论何种行业，都需要学生具备团队协作和表达的能力。STEM 竞赛项目的设计要尽量让学生以团队合作的形式来完成挑战任务，并让学生进行项目介绍，从而锻炼学生的表达能力。

（5）系统和宏观思考能力

STEM 竞赛要注重考查学生的系统和宏观思考能力，实则也是考查学生跨学科运用所学知识完成一个完整项目的能力。

2. 活动组织实施

从 STEM 竞赛组织实施的角度，建议从以下四个维度来制定 STEM 竞赛组织实施标准。

（1）确保学生凭个人实力参赛

近期教育部门也出台相关文件，明确表示：要坚决避免参赛项目明显不符合学生认知能力现象的发生，坚决防止由家长或其他人代劳等参赛造假行为。

目前，确实有个别有一定影响力的竞赛活动因组织实施的漏洞和疏忽，造成了由成人或专业人士替参赛学生提前完成竞赛任务的造假行为。学生在参与这类竞赛的过程中，只是充当了一名"演员"。学生不能真实地参与竞赛挑战，一是无法保障竞赛的公平性的底线原则，二是违背了竞赛锻炼提升学生科技创新等能力的初衷。从竞赛组织者设计活动项目起，一定要注意项目要符合学生认知能力和知识掌握的水平,组织实施过程确保学生凭个人真实实力参加比赛。

（2）裁判由不同领域人士组成

因为 STEM 竞赛的比赛项目评审内容会涉及多个专业领域的知识,故而对于裁判的知识背景要求较高。为了解决这一现实问题,建议 STEM 竞赛的裁判团队由不同领域的专业人士组成。裁判委员会可由来自中小学校、企业、高校、科研院所等不同领域的专业人士组成。在评审前裁判团队分工协作,在评审中发挥各自专业所长,确保评审的专业性和公正性。

裁判既是学生比赛的评审者,也是答辩过程中为学生提供专业意见的指导者。举办竞赛不单单是为了比出高下,更是学生学习的大好时机,这些都离不开不同领域的裁判员。在比赛中设置参赛学生答辩环节,可以更好地发挥来自不同领域裁判的专业优势。

（3）确保竞赛安保措施到位

竞赛安保指的是竞赛组织实施全过程的安全保障工作。赛前必须提前制定竞赛安全预案,将所有的不安全因素都考虑到位,并制定相对应的安保措施。

从现场人员有序参赛的角度,要充分考虑场地是否容易发生踩踏等危险。从比赛过程中学生使用设备和工具的角度,要在比赛现场准备医疗急救箱,并制定应急医疗预案,务必确保学生一旦发生意外事故能及时得到救治。

（4）制定严谨的竞赛流程方案

STEM 竞赛的活动形式大多数都是学生现场设计和制作,现场活动人数众多且人员成分复杂,不但有参赛学生,还有辅导教师和观众,这就要求 STEM 竞赛一定要制定严谨的竞赛流程方案,确保竞赛能够安全有序地实施。

竞赛流程方案一方面包括整个比赛的流程,另一方面还要体现每一个环节竞赛工作人员的分工和责任,以及参赛人员、辅导教师、观众等人员在现场的活动区域及注意事项。

比如,从竞赛入场阶段开始就要制定入场的方案。方案主要包括入场时间要求、证件要求、携带物品要求等注意事项。随着信息技术的不断提高,部分管理流程可以通过网络来完成。比如入场阶段，可以事先为每支参赛队伍生成专有的入场二维码，参赛学生可以现场直接扫码认证，避免现场查找参赛信息耗时费力的被动局面。

二、STEM 竞赛实现全学段覆盖

为保证 STEM 教育的连续性，"中国 STEM 教育 2029 行动计划"也在探索组织实施针对幼儿园到大学全学段覆盖的 STEM 竞赛。为实现举办高质量、全学段覆盖的 STEM 竞赛的目标，有如下三点建议供大家参考。

（一）规范中小学 STEM 竞赛

目前针对中小学生的 STEM 竞赛开展得最为广泛，主要是两大类的比赛活动：一类是依托传统科技创新类比赛，在赛项中融入 STEM 教育理念；另一类是以 STEM 为主题的新兴竞赛。

中小学阶段的 STEM 竞赛已经逐步开展起来了，目前需要相关部门加强对已有 STEM 竞赛活动的引导和监管，进一步促使这些赛事活动趋于规范化。

（二）策划发起幼儿 STEM 竞赛

从幼儿园开始设立 STEM 竞赛，有利于 STEM 教育的"幼小衔接"。虽然针对 3—6 岁的幼儿开展 STEM 竞赛有一定的挑战，但是这种做法却具有一定的现实意义。

幼儿 STEM 竞赛的项目应该是兼具趣味性、亲子性、任务式、科技与人文结合等诸多特点的活动。好的幼儿 STEM 竞赛项目的设置，可以更好地促进 STEM 教育在幼儿园的实施，也有利于逐渐提升幼儿教师的 STEM 教育教学能力。

（三）大学 STEM 竞赛增设中小学组

上文提及了 STEM 教育的"幼小衔接"问题，实际上 STEM 教育的"小大衔接"也同等重要。此处的"小大衔接"主要指的是依托中小学与大学在 STEM 竞赛上的衔接，进而促进 STEM 教育的全学段覆盖。

"小大衔接"可采用在现有大学 STEM 相关竞赛中增设中小学组的方式实现。在大学 STEM 竞赛中增设中小学组，不但可以实现 STEM 教育全学段覆盖，也更有利于发挥大学在促进 STEM 人才的选拔、培养及储备方面的重要作用。

三、STEM 竞赛成为人才选拔的有效途径

（一）构建良性的竞赛生态系统

如何构建良性的 STEM 竞赛生态系统，让更多具有 STEM 素养的学生脱颖而出，将成为未来我国人才选拔的重要议题。

1. 竞赛须去功利化

过去，学生通过在很多规模和影响力较大的比赛获得好成绩，获得在中高考中加分的"福利"，甚至获得保送入学的重磅奖励。由于缺少必要和行之有效的监管机制，这些竞赛成了免试入学或低分入学的"敲门砖"。在如此重大的利益诱惑下，不可避免地使个别竞赛变得越来越功利化，甚至演变成滋生腐败的温床。近年来，主流媒体对此类竞赛中存在的学术腐败和造假情况时有报道。

2018年起，教育部陆续出台规范中小学竞赛的相关政策文件，明确表示任何竞赛奖项均不作为基础教育阶段招生入学加分依据。各地要继续严格落实义务教育（幼升小、小升初）免试就近入学政策，不得将任何竞赛奖项作为升学依据。要继续对本地区高中阶段学校招生考试（中考）加分项目进行清理和规范，严禁将各类竞赛获奖情况作为高中阶段学校招生考试（中考）加分依据。举办面向中小学生的全国性竞赛必须坚持公益性，做到"零收费"。

由此可见，面向中小学生的竞赛正在经历去功利化的阶段。去功利化具体表现在：不能将竞赛作为牟利的工具，竞赛成绩不作为升学的依据。去功利化的竞赛才能走得更远，才能成为学生真正展示自身科技创新风采的舞台。

2. 建立规范竞赛的长效机制

STEM竞赛对于中小学生提升创新能力、以赛促学都有重要的现实意义。逐步建立规范竞赛的长效机制，是保证竞赛得以持续良性实施的基本保障。这种长效机制的建立需要教育职能部门在政策层面予以支持，需要专家学者在专业层面予以支持，需要全社会在资源层面予以支持。

3. 成为展示 STEM 成果的平台

鉴于竞赛去功利化的考虑，可以预测STEM竞赛将逐步成为展示学生STEM成果的展示交流平台。STEM竞赛定会成功营造出"展示学生风采第一，比拼比赛成绩第二"的良好氛围。

（二）展望 STEM 竞赛的发展趋势

1. 与学科竞赛优势互补

我国传统的五大学科（数学、物理、化学、生物、信息学）竞赛是选拔专业人才的有效途径，STEM 竞赛是选拔复合型人才（即 STEM 人才）的途径。STEM 竞赛与学科竞赛应该是优势互补的关系，皆为选拔优秀人才的有效途径。

2. 覆盖范围逐渐扩大

近年来，越来越多的中小学校都开展了形式多样的 STEM 活动，初步形成了"依托 STEM 竞赛进行教学成果显性及过程性评价"的局面。STEM 活动的成效需要好的 STEM 竞赛来检验，这也促使 STEM 竞赛覆盖范围逐渐扩大，为选拔 STEM 人才打下了坚实的基础。

3. 中小学校与高校合作

高校具有"培养什么样的人才"的风向标作用。中小学校与高校在 STEM 竞赛领域的合作，可以构建更加系统、更加有效的 STEM 人才培养和选拔的平台。

参考文献

[1] 毛展煜，曾蓉. 最好的教育在路上：研学旅行的探索与实践 [M]. 广州：广东教育出版社，2020.

[2] 陈宏程. 青少年科技创新活动指南 [M]. 合肥：安徽科学技术出版社，2016.

[3] 津巴多，约翰逊，韦伯. 津巴多普通心理学 [M]. 王佳艺，译. 北京：中国人民大学出版社，2008.

[4] 陈旭远. 课程与教学论 [M]. 北京：高等教育出版社，2012.

[5] 王佐书. 向课堂教学要质量 [M]. 哈尔滨：黑龙江教育出版社，2002.

后 记

如王素老师所言，因为没有参照物，所以《STEM活动与竞赛》这本书是比较难写的。本书是我个人对STEM活动与竞赛的一些粗浅的思考，也是我多年参与未来工程师项目的经验之谈，疏漏偏颇在所难免，恳请各位同仁批评指正。

感谢全国青少年未来工程师博览与竞赛组委会总裁判长王祖春老师、评审委员会主任翟敬群老师，为本书的编写提供了重要的专业支持；感谢李超、王亚雯、姚芳、李梓鸥、高涵、杜莹、辛有生、门敏敏、申大山等几位老师，为本书部分章节的撰写提供的大力支持；此外，多位同仁为本书提供了众多精彩的STEM活动案例，在此一并致谢！

特别感谢为本书提供原创插图的侯百慧老师，丰富多彩的插图为本书增色添彩，增加了本书的可读性。

因多年来组织实施未来工程师项目的缘故，我一直都有一个将未来工程师项目打造成中国发起的国际性青少年科技创新赛事活动的心愿。写这本书也带给我对这个心愿全新的思考：我们在"中国STEM教育2029行动计划"的引领下，倡导STEM教育理念，整合多方资源，一定可以创造出一个中国发起、国际范围、全新IP（知识产权）、教育工作者主导、极具STEM特质，惠及幼儿和青少年的公益性科技创新赛事活动。

下方为未来工程师项目公众号、官网二维码，欢迎大家关注！